CCLR China Construction Law Review Vol.6

# CONSTRUCTION LIEN UNDER PRC LAW

# 建设工程优先受偿权

中国建设工程法律评论第四工作组 编著

撰稿人

常宏磊 陈 旻 丁建勇 董连和
李 昱 刘文鹏 罗有才 亓培冰
史智军 舒 曼 孙 巍 汤 雷
王先伟 吴 凡 许海峰 岳建明
张 然

法律出版社
LAW PRESS·CHINA

# 目　录

Contents

## 第九章 建设工程优先受偿权与无过错房屋买受人过户权利的顺位问题



## 第十章 建设工程优先受偿权与已经办理预告登记或预售合同备案登记的房屋买受人过户权利的顺位问题

# 案例索引

# 第一章

# 建设工程优先受偿权之权利主体

◇ 王先伟*

## 一、建设工程优先受偿权权利主体之争概述

**【基本观点】**

1. 广义说

该观点认为，建设工程优先受偿权的主体除了工程施工的承包人以外，还应包括勘察人、设计人。这主要是基于《中华人民共和国合同法》（以下简称《合同法》）第 269 条第 2 款的规定："建设工程合同包括工程勘察、设计、施工合同。"因此，勘察人和设计人也是工程合同的承包人，基于以上两种合同而产生的勘察费、设计费，也同样物化在工程造价中。另《合同法》第 286 条也未明确将勘察费、设计费排除在建设工程的价款之外，故其理应属于建设工程优先受偿权的权利范围内。

2. 狭义说

该观点认为，建设工程优先受偿权的主体严格限定为施工合同承

---

* 王先伟，上海市建纬律师事务所高级合伙人。

包人，不包括勘察人、设计人及其他人员。建设工程优先受偿权主要是基于保护社会弱势群体，保障弱者利益的公共政策而确立。勘察人、设计人与建筑工人不同，并非社会弱势群体，没有必要出于公共利益进行保护。

**【观点解读】**

1. 争议原因

笔者认为，产生以上争议的原因主要是对《合同法》第 286 条提出的建设工程优先受偿权设立初衷的认识差异和权利性质的理解不一。

对于建设工程优先受偿权的设立初衷，国内有学者提出是为了保障社会弱势群体特别是建筑工人和材料商的利益。但是，建筑工人和材料商都不是承包人。笔者认为，承包人行使建设工程优先受偿权后并不一定意味着建筑工人和材料商的利益能得到补偿。但是从社会资源角度看，建设工程优先受偿权可以实现资源的再流通，工程及时易主后让凝聚在工程中的材料和劳动力得到折价，工程也可以实现其使用价值。

2. 建设工程优先受偿权为优先权

对于建设工程优先受偿权的性质有以下三种主流学说：

（1）法定抵押权说。持该主张的学者认为，一般的抵押权为意向担保物权，由当事人以合同方式自由设定。法定抵押权是指承揽人承揽工作物为建筑物或者其他土地上的工作物或者重大修缮所产生的债权，依法对定作人的不动产享有的抵押权。这种抵押权非因抵押合意产生而是依法律的规定当然产生，不以登记为必要。因此承包人的优先受偿权符合法定抵押权的主要特征，是一种由法律直接规定的抵押权。[1]

---

〔1〕 参见梁慧星：《裁判的方法》，法律出版社 2003 年版，第 130～137 页。

（2）不动产留置权说。持该主张的学者认为，当发包人不按约支付工程价款，承包人即可留置该工程，并以此优先受偿。[1]

（3）优先权说。持该主张的学者认为，建设工程承包人优先受偿权的性质既不是留置权也不是抵押权。因为，留置权的标的物是动产，不动产抵押权以登记为生效要件，所以，承包人的优先受偿权在性质上应为优先权。[2]

建筑工程价款优先受偿权是一种法定的优先权，依据法定权优于约定权的原则，建筑工程价款优先权应当予以优先保护。不动产抵押权以登记为生效要件，是经当事人合意而产生的权利。根据物权法理论，一旦对建设工程优先权认定为法定抵押权，势必对债务人以外的第三人利益构成威胁，也是对物权公示制度的否定。留置权的标的物是动产，而承包人完成工作的标的物是不动产，且对建设工程优先权的行使不以占有为要件，与留置权的行使方式有异。

3. 权利的性质要求具体讨论权利主体范围

一旦认定建设工程价款优先受偿权是法定的优先权，该优先权基于法律的规定直接在债务人的财产上设立，无须转移财产的占有状态，也无须登记。也就是说，优先权是不以占有或者登记为公示要件的权利，无须公示即可具有优先受偿的效力。从经济流通的角度看，法定优先权的性质更利于流通和价值的实现。基于建设工程优先权在权利阶位上的优先性和行使的便利性，使得在具体实践中如何准确鉴定建设工程优先受偿权权利主体的范围就显得至关重要，对建设工程优先权权利主体的争议值得进行更具体的讨论。

---

〔1〕 参见江平主编：《中华人民共和国合同法精解》，中国政法大学出版社1999年版，第223页。

〔2〕 参见徐杰、赵景文主编：《合同法教程》，法律出版社2000年版，第486页。

## 二、对建设工程优先受偿权之权利主体的具体争议

### （一）建设工程勘察人、设计人的资格问题

支持方认为建设工程勘察人、设计人应享有建设工程优先受偿权，主要理由：

1.《合同法》设立建设工程优先受偿权的初衷是为了解决长期存在的建设工程价款拖欠难题，但这不是唯一目的，勘察、设计人员的费用也应得到偿还。因勘察、设计单位提供设计类工作，就认为其具有优势地位的想法有失偏颇。退一步说，即使在建设项目初期，其处于有利地位，而相关的纠纷往往常出现在施工中或竣工后，其优势地位已经丧失。

2. 工程中凝聚着勘察人、设计人的劳动，且随着现代社会大众安全意识的觉醒和审美要求的提高，对勘察人、设计人也提出了更高的要求，其工作的作用越来越大，为项目增加价值。若在实践中，评估工程价值时忽视勘察、设计的作用，不能准确反映建筑物的真正价值。

3. 赋予勘察、设计人员优先受偿权，有利于保护创造的积极性，建筑工人的工资需要保护，勘察人、设计人的费用同样需要保护，一样是劳动力的体现，且结合我国《合同法》第 269 条和第 286 条的规定，被拖欠工程价款的勘察人、设计人理应享有建设工程优先受偿权。

4. 在司法实践中，有地方已明确表示支持勘察人、设计人的该项权利。

《天津仲裁委员会建设工程施工合同纠纷案件仲裁指引》第 7 条

“工程价款优先受偿”规定：“发包人逾期支付工程款，经承包人书面催告后在合理期限内仍未支付工程款，承包人可以主张工程款优先受偿。1. 主体方面一般限于与工程范围内的建设工程勘察、设计、施工承包人之间，不包括提供技术服务的工程监理和买卖合同的供应商……”

反对方认为建设工程勘察人、设计人应不享有建设工程优先受偿权，主要理由：

1.《合同法》在建设工程合同一章中将“承包人”、“勘察人”、“设计人”、“施工人”分开表述，且在该法第 272 条第 3 款中明确规定：“……建设工程主体结构的施工必须由承包人自行完成。”因此，该法明确将勘察人与设计人排除在承包人的概念之外，且《最高人民法院关于审理建设工程施工合同纠纷案件适用法律问题的解释》（以下简称《施工合同司法解释》）中也采用了“承包人”的概念，但从第 5 条“承包人超越资质等级许可的业务范围签订建设工程施工合同……”等司法解释条文中能清晰地看出，“承包人”仅限建设工程施工合同中的承包人。

2. 从《合同法》第 286 条确立承包人建设工程价款优先受偿权的立法初衷来看，该条规定旨在解决建筑市场中长期存在的拖欠建筑工程价款问题，维护承包人的合法权益。因此该条款针对的标的是工程价款，而合同法中对发包人支付给勘察人、设计人的价款的表述为“勘察费、设计费”，而非工程价款，可见合同法是将勘察费、设计费排除在工程价款概念之外的。

3. 根据 2002 年起施行的《最高人民法院关于建设工程价款优先受偿权问题的批复》（以下简称《批复》）中对建设工程价款范围的描述：“……建筑工程价款包括承包人为建设工程应当支付的工作人员报酬、材料款等实际支出的费用，不包括承包人因发包人违约所造成的损失。……”可知，这里的价款是针对建设工程施工合同而言的，而对建设工程勘察、设计合同则没有进行这样的规定。

4. 在司法实践中，不少地方明确不支持勘察人、设计人的该项权利。

《浙江省高级人民法院执行局执行中处理建设工程价款优先受偿权有权问题的解答》第6条规定："工程勘察人或设计人就工程勘察或设计费主张优先受偿权的，不予支持。"

《安徽省高级人民法院关于审理建设工程施工合同纠纷意见适用法律问题的指导意见》第16条规定："工程勘察人或设计人就工程勘察或设计费主张优先受偿权，不予支持。"

《广东省高级人民法院关于在审判工作中如何适用〈合同法〉第286条的指导意见》（粤高法发〔2004〕2号）第3条明确规定："《合同法》第286条所规定的建设工程价款优先受偿权适用于建设工程施工合同。建设工程幕墙装修、装饰合同属于建设工程施工合同。"

### （二）分包人的资格问题

1. 装饰装修工程的承包人

目前各地司法实务普遍都支持装饰装修工程的承包人的建设工程优先权，但是要求是在因装饰装修而增加的价值范围内优先受偿，且该装饰装修工程非家庭住宅装修，家庭住宅装饰装修合同适用承揽合同，工程中的装饰装修工程适用施工合同。

（1）《最高人民法院关于装饰装修工程款是否享有合同法第二百八十六条规定的优先受偿权的函复》（〔2004〕民一他字第14号）规定："装饰装修工程属于建设工程，可以适用《中华人民共和国合同法》第二百八十六条关于优先受偿权的规定，但装饰装修工程的发包人不是该建筑物的所有权人或者承包人与该建筑物的所有权人之间没有合同关系的除外。享有优先权的承包人只能在建筑物因装修而增加价值的范围内优先受偿。"

（2）《浙江省高级人民法院执行局执行中处理建设工程价款优先受偿权有权问题的解答》第6条规定："装饰装修工程承包人主张工程价款优先受偿权的，可予以支持。但装饰装修工程的发包人不是该建筑的所有权人，或者承包人与该建筑物的所有权人之间没有合同关系的除外。享有优先权的承包人只能在建筑物因装饰装修而增加价值的范围内优先受偿。"

（3）《安徽省高级人民法院关于审理建设工程施工合同纠纷意见适用法律问题的指导意见》第16条规定："装饰装修工程承包人主张工程款优先受偿权，可予支持。"

（4）《广东省高级人民法院关于在审判工作中如何适用〈合同法〉286条的指导意见》（粤高法发〔2004〕2号）第3条规定："《合同法》第286条所规定的建设工程价款优先受偿权适用于建设工程施工合同。建设工程幕墙装修、装饰合同属于建设工程施工合同。"

（5）《深圳市中级人民法院关于建设工程合同若干问题的指导意见》第32条规定："建设单位直接发包的基础工程，享有工程价款优先受偿权。建设单位直接发包的消防工程、玻璃幕墙工程、装饰装修工程，在该工程增加价值的范围内享有工程价款优先受偿权。总承包人分包的专业工程，专业工程分包人不享有工程价款优先权。"

（6）《四川省高级人民法院关于审理建设工程施工合同纠纷案件若干疑难问题的解答》（川高法民一〔2015〕3号）第37条规定："装饰装修工程属于建设工程，可以适用《中华人民共和国合同法》第二百八十六条的规定，但装饰装修工程的发包人不是该建筑物的所有权人或者承包人与该建筑物的所有权人之间没有合同关系的除外。享有优先受偿权的承包人只能在建筑物因装饰装修而增加价值的范围内优先受偿。"

（7）《江苏省高院〈审判工作座谈会纪要2009年〉——建设工程纠纷案件》第8条规定："装饰装修合同纠纷的法律适用家庭住宅装

饰装修合同以外的装饰装修合同纠纷适用《最高人民法院关于审理建设工程施工合同纠纷案件适用法律问题的解释》；家庭住宅装饰装修合同纠纷适用法律关于承揽合同的规定，对合同效力以外的问题可以参照司法解释处理。”

2. 建设工程合法的分包人

（1）总包合法分包产生的分包人

支持方认为，承包人与分包人之间的合同实际上属于承揽合同。分包人属于实际的承揽人，对于其完成的作品，承揽人享有留置权。同时，基于不动产留置权说，分包人享有留置该不动产（即建设工程）的权利；此外，赋予分包人优先受偿的权利，也有利于调动其积极性。

另外，若认为建设工程价款优先受偿权是法律基于合同之债而赋予承包人的一项法定权利，则相对性并非不能突破，在《施工合同司法解释》中有多处可以体现。分包人需就其工作成果，向发包人承担连带责任，这就破除了合同相对性原则。若不赋予其优先受偿的权利，将有权利、义务不对等之嫌，且不利于调动分包人的积极性。[1]

在司法实务中，《天津仲裁委员会建设工程施工合同纠纷案件仲裁指引》中明确规定：“总承包人怠于行使优先权导致分包人权利受损时，实务中可以酌情考虑分包人代为行使优先受偿权。”

反对方认为，应根据合同的相对性和债的相对性特征进行确定。其主张，分包人与发包人直接并未订立独立的合同，未发生直接的合同关系，故其不具有独立的诉讼资格，为保护发包人的合法权益，分包人不应享有优先受偿权。[2] 如果赋予分包人对工程欠款的优先求偿

---

〔1〕参见孙科峰、杨遂全：《建设工程优先受偿权主体的争议与探究——〈合同法〉第 286 条之分析》，载《河北法学》2013 年第 6 期。

〔2〕参见梁慧星：《合同法第二百八十六条的权利性质及其适用》，载《山西大学学报（哲学社会科学版）》2001 年第 3 期。

权，在现实执行中，如何确定给分包还是总承包是个问题。

《广东省高级人民法院关于在审判工作中如何适用〈合同法〉第286条的指导意见》（粤高法发〔2004〕2号）第2条规定："建设工程合同订立总承包合同后，再由总承包人订立分包合同的，在总承包合同、分包合同均有效的情形下，发包人拖欠工程款的，总承包人可以对工程折价或者拍卖价款主张优先受偿权。分包人对自己承建部分主张享有优先权的，人民法院不予支持。但如因总承包人怠于行使优先权损害分包人利益，分包人可依照《合同法》第七十三条的规定就其承包工程价款范围内向发包人主张权利。"

《深圳市中级人民法院关于建设工程合同若干问题的指导意见》第32条规定："总承包人分包的专业工程，专业工程分包人不享有工程价款优先权。"

（2）甲方直接分包的专业分包承包人

专业分包承包人与总承包人都是合同的相对方，符合合同相对性原则，可以在自己承包的范围内主张建设工程优先受偿权。

### （三）无效施工合同的承包人资格问题

1. 违法分包的分包人、转包人、借用资质的承包人

有观点认为违法分包的分包人、转包人、借用资质的承包人不应是建设工程优先受偿权的主体。

与合法分包相对应，违法分包是指工程总承包人未经发包人同意，直接将部分工程交由第三方完成的情形。转包是指承包人在承接项目后，直接将工程整个转让给第三方，转让人退出整个工程项目的情形。因转包易使不具有项目资质的第三方进行工程建设，从而使工程项目质量低下，不利于建筑市场的稳定发展，故我国法律明确禁止此类行为。

违法分包、转包都是违法行为，违反法律的强制性规定，且在实践中易造成建设工程的质量问题，故法律应对这两种现象积极予以规

制。《合同法》和相关司法解释都只保护承包人的合法权益，若该合同违法无效，则非法承包人、违法分包人、转包人无法追偿该合同的工程价款，而只享有一种返还请求权，请求对自己的物化劳动进行“折价补偿”。“折价补偿”的法定原则不适用建设工程价款优先受偿。[1]

也有观点认为应该享有。在建设工程合同无效，工程验收合格的情况下，否定其获取工程款权利已无必要，因此最高人民法院司法解释赋予了其按照合同约定价款主张工程款的权利。工程竣工验收合格即表明法律认可无效合同的承包人对工程价值的增值，此时应当从保护实际施工人权利的角度出发赋予其优先受偿的权利。

2. 实际施工人

一种观点主张：实际施工人享有优先受偿的权利，具有主体资格。

（1）基于类推原则，根据《施工合同司法解释》第 2 条和第 26 条的规定，在施工合同无效的情形下，但实际施工人的工程项目经验收合格，其可以通过诉讼的方式来获得约定的工程价款。该规定有效保障了实际施工人的合法权益，为其提供了一条合法的救济途径，从某种意义上而言，赋予了实际施工人承包人的主体资格。

（2）实际施工人是建筑工程的真正创造者，由《建设工程质量管理条例》第 78 条第 2 款和第 3 款对违法分包、转包的定义，转包、违法分包后的工程由实际施工人完成，对于发包人能否及时支付工程款真正受损失和影响较大的是具体负责施工的实际施工人。

（3）建设合同虽无效，但实际施工人完全履行其合法职责，建筑工程验收合格，理应给予其获得工程款的权利。工程竣工验收合格即表明法律认可该实际施工人对工程价值的增值行为，其自然应享有优先受偿的地位。若无效合同承包人承建的工程竣工验收不合格，则发

[1] 参见杨陈慧：《建设工程价款优先受偿权适用热难点研究》，载《法制博览》2014 年第 7 期。

包人不能使用该建设工程，无效合同的承包人的劳务亦未使工程价值增值，无权要求建设工程价款优先受偿。

《浙江省高级人民法院民事审判第一庭关于审理建设工程施工合同纠纷案件若干疑难问题的解答》规定，……二十二、建设工程施工合同无效情形下，谁有权行使优先受偿权？建设工程施工合同无效，但工程经竣工验收合格，承包人可以主张工程价款优先受偿权。《四川省高级人民法院关于审理建设工程施工合同纠纷案件若干疑难问题的解答》（川高法民一〔2015〕3 号）规定，……37. 如何确定享有优先受偿权的主体？……建设工程施工合同无效，但建设工程经竣工验收合格，或者未经竣工验收但已经实际使用，实际施工人请求其工程价款就承建的建设工程折价或拍卖的价款优先受偿的，应予支持。

另一种观点则持反对意见。

首先，根据《合同法》设定这一权利的目的是保障承包人的合法债权。无论是不动产留置权说，还是法定抵押权说，其都是一种担保物权。根据《担保法》的规定，担保物权作为一种从权利，附属于主债权，主债权无效，相应的担保物权也将随之失效。

其次，施工合同无效，承包人享有请求权的性质并非工程款支付请求权，而是基于无效合同而产生的物化劳动的返还请求权。严格从文义上解释，承包人得到的不是工程价款，而是因合同无效，发包人给予承包人的折价补偿。法律规定的优先受偿权是建设工程价款的优先受偿权，而不是折价补偿的优先受偿权。这种严格解释工程价款，从而否定承包人主张优先权效力的观点。

《广东省高级人民法院关于在审判工作中如何适用〈合同法〉第 286 条的指导意见》（粤高法发〔2004〕2 号）规定：“……7. 在建设工程承包合同无效的情形下，承包人主张建设工程价款优先受偿权的，人民法院不予支持。”

### （四）瑕疵工程的承包人优先受偿问题

1. 未完工程或未竣工工程的承包人

有观点认为，建设工程优先受偿权中的“建设工程”可以是竣工的工程，也可以是未竣工的工程；可以是发包人最终工程，也可以是某一阶段的工程。但是，如果工程出现以下两种情况，承包人的优先权或者工程价款支付请求权并不存在：一是所建工程为违章建筑，这种建筑不可能被折价或者拍卖，只能依法予以拆除；二是工程质量存在重大瑕疵且难以修复，如果只是存在一般的质量问题，承包人予以改正即可。

2. 质量有瑕疵工程的承包人

有观点认为，基于类推原则，根据《施工合同司法解释》第 3 条的相关规定，施工合同无效，工程有质量瑕疵，经修复后竣工验收合格，承包人有权主张工程价款，则质量有瑕疵工程的承包人也应有权主张优先受偿权。

### （五）优先受偿权行使中的问题

1. 优先受偿权的转移

司法实践中认为，建设工程承包人转让工程债权有效的，债权受让人应当享有该工程款的优先受偿权。

（1）《广东省高级人民法院关于审理建设工程施工合同纠纷案件若干问题的指导意见》（粤高法发〔2011〕3 号）规定：“……十五、承包人将建设工程施工合同约定的工程款债权依法转让，债权受让方主张其对建设工程享有优先受偿权的，可予支持。承包人在转让工程款债权前与发包人约定排除优先受偿权的，该约定对承包人以外的实际施工人不具有约束力。”

（2）《江苏省高级人民法院建设工程施工合同案件审理指南》

（2010 年）规定：“……六、建设工程施工合同条款……（二）建设工程价款优先受偿权……建设工程款优先受偿权属于法定抵押权，担保的是工程款债权，主债权转让的，担保物权应一并转让。根据法律条文的表述并不能确定工程款优先受偿权具有人身专属性，故工程款债权转让给他人的，优先受偿权应随之转让。”

2. 优先受偿权的放弃

第一种观点认为，承包人可以放弃。当事人意思自治是合同法的基本理念，优先受偿权本质上是一种民事权利，应尊重当事人的意思自治。该行为不违反国家政策、法律的强制性规范、公序良俗，不存在胁迫、威胁等事由，应当被认定是有效的。

第二种观点认为，承包人的放弃无效，建设工程价款优先受偿权是一种法定担保物权，这种法定代表物权不得放弃。

首先，考虑当下真实的市场环境，承包人的放弃很难说是真实意思表达，这种契约自由很可能是虚假的，一味强调形式上的意思自治，容易损害承包人利益，对工程质量产生影响，间接影响的是工人的工资、劳务费用及其家属的生存权利，不利于规范我国的建设工程的法治环境，不符合社会正义，不利于社会稳定。

其次，市场发包人地位强势，如果说承包人的放弃行为一概有效，那么《合同法》第 286 条可能成为具文而束之高阁。从优先受偿权的法定抵押权的性质来说，其成立和放弃都不应完全取决于合同当事人之间的意思自治，不宜认定当事人可以自由约定放弃行使权利。

第三种观点认为，放弃优先受偿权未尝不可，但是应附加条件。如果发包方能够提供其他足额的担保或者保证，可以允许当事人协商放弃优先受偿权，或者获得施工人和劳动者同意，才可以放弃。

司法实践中对于建设工程优先受偿权的承包人预先放弃、事后放弃、有条件放弃的行为有两种意见：

（1）《2015 全国民事审判工作会议纪要》中认为，“……七、关于建设工程施工合同纠纷案件……（三）关于建设工程价款优先受偿权问题”，“……52. 第一种意见：发包人与承包人在建设工程施工合同中约定承包人预先放弃行使优先受偿权，承包人起诉请求确认上述约定无效的，人民法院应在确定该预先放弃承包人真实意思的基础上，对承包人的请求不予支持。第二种意见：发包人与承包人在建设工程施工合同中约定承包人预先放弃行使优先受偿权，承包人起诉请求确认上述约定无效的，人民法院应对该请求予以支持。”

（2）《广东省高级人民法院关于在审判工作中如何适用〈合同法〉第286条的指导意见》（粤高法发〔2004〕2号）规定：“……9. 承、发包双方当事人在建设工程承包合同中约定承包人不能行使建设工程价款优先权，事后承包人以建设工程价款优先权是法定权利为由向人民法院主张合同约定无效并要求行使建设工程价款优先权的，人民法院不予支持。”

## 三、对建设工程优先受偿权权利主体的构建

**【基本观点】**

综观建设工程优先受偿权权利主体范围的具体争议，笔者建议如下：

“发包人未按约定支付建设工程价款且经催告仍拒绝支付的，或未经催告直接向法院起诉的，以下主体可依《合同法》第286条的规定就该工程折价或者拍卖的价款在发包人欠付范围内行使建设工程价款优先受偿权：

（一）与发包人订立建设工程施工合同的承包人；

（二）甲方直接分包的专业工程或装饰装修工程承包人，其他合法分包人应在工程质量合格且总承包人怠于行使建设工程价款优先受偿权而利益受损时主张；

（三）建设工程合同无效，但建设工程经竣工验收合格或未经竣工验收但已完工程质量合格的实际施工人；

（四）依法转让建设工程工程款债权的受让人。

以上主体在签订合同时自愿放弃建设工程价款优先受偿权，事后又以放弃行为无效为由主张该权利的，人民法院不予支持。但有证据证明该种放弃是在发包人胁迫等非自愿情形下做出的除外。”

（一）与发包人订立建设工程施工合同的承包人

建设工程合同包括工程勘察、设计、施工合同。工程勘察人、设计人与施工合同承揽工作明显不同，只有施工承包人享有建设工程优先受偿权。

1. 勘察人、设计人不同于施工承包人

虽然从价值创造角度出发，材料和劳动力的物化过程中也包括了勘察人、设计人的劳动力物化。但建设工程优先受偿权不能采用广义说，否则会损害其他债权人的合法权益。其主要理由为：（1）《合同法》第286条创设建设工程价款优先受偿权制度的初衷是解决建设工程领域长期存在的工程价款拖欠问题，保护建筑行业劳动者的工资权益。建设工程价款的构成中，人工费用，即建筑职工的工资占了相当大的比例。因建筑职工固定、长期在某一项目工程施工，如发包人长期拖欠工程价款，不仅损害承包人企业的权利，而且会使建筑职工的绝大部分的工资权利无法保障，这直接关系到建筑职工的生存利益。虽然勘察单位、设计单位的勘察费、设计费也不同程度的存在拖欠问题，但其数额相对较少，即使发包人未按时支付勘察费和设计费，一般也不会直接影响这些单位高端劳动者的绝大部分的工资权益乃至生存利益。而且实践中拖欠勘察费和设计费的问题远不如施工中的工程价款严重，所以对勘察费、设计费等工程价款没有必要设定特殊保护措施，无须赋予勘察、设计单位建设工程价款优先受偿权。（2）勘察、设计单位对于发包人拖欠勘察费和设计费，往往可以采取一些自我保护措施，如拒绝交付设计文件等，以避免自身权益遭受损害。而建设工程的施工人一般以劳务作业完成工程建设，一旦发包人不按合同约定支付工程价款，施工人缺乏相应的自力救济手段，工程价款债权作为特种债权需要通过法律手段加以特殊保护。（3）建设工程施工合同履行前期，承包人需要投入为保证安全施工、文明施工，保护现场内外环境和搭拆临时设施等所采用的措施而发生的费用（安全文明施工费），另施工机械设备的租赁、进出场，施工材料的采购等均属高额前期费用支出。因施工人前期投入成本较高、履约风险较大，根据权利义务对等的原则，也应对其工程价款请求权着重保护。

2. 工程监理合同不属于建设合同

工程监理以监理技术对工程安全、质量等监督管理，计算的价款是技术服务费用。因拖欠监理合同价款，发包人未按约定支付监理服务费，不是工程价款。

（二）甲方直接分包的专业工程或装饰装修工程承包人

1. 装饰装修的发包人为所有权人或存在合同关系

以租赁、联营等方式实际占有和使用该建筑物的占有人，对这些装饰装修工程承包人的优先受偿权应当进行合理限制，即该装饰装修工程未征得建筑物所有权人同意担保的前提下，该装饰装修工程的承包人不享有优先受偿权。

2. 装饰装修工程属于建设工程

装饰装修分为建筑物建造过程中的装修和使用过程中的装修，文本指的是建造过程中的装饰装修活动。《建设工程安全生产管理条例》第2条第2款明确了“建设工程，是指土木工程、建筑工程、线路管道和设备安装工程及装修工程。”在装饰装修工程中，同其他建设工程一样，将材料和劳动力物化，并增加了建筑物的价值。

3. 优先权行使的范围仅限于增值部分

装饰装修工程并非建筑物本身，故其优先权的行使范围应当限定在装饰装修工程使建筑物增加价值的范围之内。该价值的认定，当事人之间有约定的从约定，没有约定或约定不明的，可通过司法鉴定来综合判定。

4. 扩建、改建的承包人也享有建设工程优先受偿权

扩建是指在原有基础上加高加层，改建是指在不增加建筑物或建设项目体量的基础上，对原有工程进行改造。扩建、改建的承包人对工程价值的贡献类似于装饰装修承包人，都是在原有基础上的增加。

（三）其他合法分包人

1. 甲方直接分包的专业分包

发包人不得将应当由一个承包人完成的建设工程肢解成若干部分发包给几个承包人。但是发包人可以将工程中的部分专业工程直接分包。虽然简称为分包，但是其实与总承包一样，直接与发包人是合同关系。

2. 经甲方同意的总包的分包

发包人已向总包支付相应分包工程的价款，而总包拖欠分包工程款的，是总包未按约定支付，不属于发包人的拖欠，分包不享有对总包的优先受偿权，也不能代位向发包人行使优先受偿权。如果发包人未支付总包相应的分包工程价款，造成总包拖欠分包工程款的，属于发包人的拖欠，分包不享有对总包的优先受偿权，分包在总包消极主张优先受偿权影响自身利益时，直接向总包就自己所完工程内主张。

3. 劳务分包人

劳务分包合同是指建设工程的承包人将其所包工程的劳务作业发包给劳务作业的单位[1]，即劳务分包人对总包负责。劳务分包人是合法分包的一种，享有建设工程优先受偿权。具有劳务作业资质的分包人与总包、各分包签订劳务分包合同，当事人以转包建设工程违反法律规定为由请求确认无效的，不予支持。但是以劳务作业为名，实

〔1〕 参见崔建远：《合同法》，北京大学出版社 2013 年版，第 553 页。

行转包的，该合同无效，劳务分包人为实际施工人。

（四）实际施工人

1. 实际施工人享有工程款请求权

《施工合同司法解释》第 26 条第 2 款规定："实际施工人以发包人为被告主张权利的，人民法院可以追加转包人或者违法分包人为本案当事人。发包人只在欠付工程价款范围内对实际施工人承担责任。"该条规定赋予了实际施工人直接向发包人主张欠付工程款债权的权利。既然实际施工人有权请求工程款，就应该保证该请求权能够实现，而建设工程优先受偿权正是保障的有效手段，当然享有。值得注意的是，实际施工人的优先受偿权范围也仅限于发包人欠付工程款范围内。

2. 工程竣工验收合格或已完工程质量合格

《施工合同司法解释》第 2 条确定承包人在合同无效的情形下可以享有工程价款的请求权。建设工程施工合同的特殊之处在于，建设工程的施工过程，就是承包人将劳务及建筑材料物化到建设工程的过程。基于这一特殊性，合同无效，发包人取得的财产形式上是承包人建设的工程，实际上是承包人对工程建设投入的劳务及建筑材料（一般是工程款），故而无法使用无效恢复原状的返还原则，只能折价补偿。[1] 基于相同法理，工程竣工验收合格是实际施工人请求工程款的前提，实际施工人主张建设工程有限受偿权的前提也是工程竣工验收合格或已完工程质量合格。

（五）工程款债权的受让人

笔者认为，工程款优先受偿权属于法定优先权，是基于建造建筑物而产生的权利，系工程款本身具有的权利，是法律赋予权利人的一种对物权，其功能是担保工程款优先支付，该权利依附于所担保的工

〔1〕 参见最高人民法院民事审判第一庭编著：《最高人民法院建设工程施工合同司法解释的理解与适用》，人民法院出版社 2004 年版，第 33 页。

程而存在。《合同法》第286条的立法目的，通过工程款债权转让行为可以实现，法律应确认其效力。同时，建筑施工中形成的债权转让并不违反法律、法规的强制性或者禁止性规定，合同依法可以转让，亦应认定工程款债权转让有效。既然建设工程承包人可以转让其在施工中形成的工程款债权，受让人基于债权的转让而取得工程款债权，根据上述工程款优先受偿的性质，债权受让人应当享有该工程款的优先受偿权。

**【实务中应注意的问题】**

1. 工程是否竣工或完工不影响建设工程优先受偿权成立与否

笔者认为，《批复》第4条规定“建设工程承包人行使优先权的期限为六个月，自建设工程竣工之日或者建设工程合同约定的竣工之日起计算”之内容，是解决承包人优先受偿权行使的期限和起算点，不是工程款优先受偿权的成立要件问题。从物权法的理论与立法上分析，未完工的建筑物可以成为工程价款优先受偿权的客体。工程价款优先受偿权的制度目的是保护建筑工人的利益，工程是否竣工并不会影响该制度所保护的利益。而实务中，拖欠工程款更多发生于未完工的工程中，进而导致中途停建的“烂尾”工程。若将工程价款优先受偿权仅限于已竣工工程，则会使《合同法》第286条的作用大打折扣。

2. 合同解除的，主体应在6个月内行使建设工程优先受偿权

笔者认为，建设工程合同由于发包人的原因解除或终止履行，承包人行使建设工程价款优先受偿权的期限可以自合同解除或终止履行之日起计算。建设工程优先权是法定优先权，以特定不动产（即建设工程）为标的物，不以对标的物的占有为要件，无须经过登记，作用在于保证建设工程款债权的实现。根据上述特性，当发包人未按约向承包人支付工程款时，承包人就可以行使建设工程优先权，而从建设工程的变价款中优先受偿。法定优先权是法律特别赋予承包人的权利。因此，合同解除后，承包人仍应享有建设工程优先权。

3. 建设工程优先受偿权可事先放弃、事中放弃或事后放弃

笔者认为，建设工程价款优先受偿权虽属一项法定权利，但是从权利性质本身来讲仍属于民事权利。因此，作为权利人当然可以处分自己的权利，只要该种处分不违反法律强制性规定、不为法律所禁止即可。但是，若权利人的这种放弃行为是在发包人等胁迫的情形下作出的，那么就不是权利主体的真实意思表示，该种放弃就应被认定为无效，但需要权利主体就被胁迫的事实提供证据证明，以防止权利人事先恶意虚假承诺，待达到目的后又反悔，有违诚实信用原则。

4. 建设工程优先受偿权权利的竞合

笔者认为，建设工程涉及诸多主体，各方利益交织，非常复杂。在合法分包的情况下，如经发包人同意后的再行分包或发包人将工程主体以外的其他专业工程分包；在合同无效的情况下，如施工合同转包、违法分包；在部分工程款债权被转让的情况下，都极有可能出现两个以上的建设工程优先受偿权发生竞合的情形。此时，在建设工程被拍卖或折价后，各优先受偿方应处于同一序列，若拍卖或折价价款不足以清偿所有优先受偿方时，应按债权比例进行清偿。

# 第二章

# 建设工程优先受偿权之担保债权

◇ 许海峰*

## 一、对最高院建设工程价款优先受偿权问题批复第 3 条的理解

《最高人民法院关于建设工程价款优先受偿权问题的批复》(法释〔2002〕16 号)(以下简称《批复》)第 3 条规定:"建筑工程价款包括承包人为建设工程应当支付的工作人员报酬、材料款等实际支出的费用,不包括承包人因发包人违约所造成的损失。"如何对建设工程优先受偿权担保的债权范围进行界定,笔者认为应当全面分析《合同法》第 286 条的立法本意并结合对《批复》的理解加以确定,具体包括以下三个层面:

第一,《合同法》第 286 条保护的客体是建设工程的全部价款。

根据《合同法》第 269 条第 1 款的规定:"建设工程合同是承包人进行工程建设,发包人支付价款的合同。"在这一法律关系中,承包人的主要义务是进行工程建设并依约交付合格的建设工程,发包人

* 许海峰,上海建工集团股份有限公司企业管理部总经理、法务部主任。

的主要义务是支付价款，也就是承包人完成工程建设的对价。《合同法》第286条规定："发包人未按照约定支付价款的，承包人可以催告发包人在合理期限内支付价款……建设工程的价款就该工程折价或者拍卖的价款优先受偿。"这里的"价款"与第269条规定的"价款"显然是同一含义，因此我们认为建设工程价款优先受偿权的客体就是工程对价，而且法条只表述了"建设工程的价款"，而没有对价款的组成进行区分。因此，这里的"建设工程的价款"指的显然是构成建设工程价款的所有费用。2007年《最高人民法院关于司法解释工作的规定》（法发〔2007〕12号）第3条明确规定："司法解释应当根据法律和有关立法精神，结合审判工作实际需要制定。"因此，所有司法解释应当符合法律的精神和原则，反映立法的本意，而不能超越法律本身的规定，既不能创设没有法律依据的权利义务，也不能消灭或者限制法定的权利义务。这是因为法院的基本职能是司法而不是立法，即便承认法院可以通过对法律条款的解释以完善、补充法律，但这种完善和补充也只能在法律的范围内进行，否则就不具有合法性。所以，既然《合同法》已经对建设工程价款作出了明确的规定，那么司法解释就不能对承包人的权利范围作出不同于法律规定的限制。

第二，《批复》并未排除工作人员报酬和材料款之外的工程价款。

建设工程价款的范围应以合同为基础，在认定优先受偿的建设工程价款范围时，也应以建设工程合同所约定计价方法确定的工程造价为基础。《批复》第3条对建筑工程价款所包括的费用范围明确界定为"承包人为建设工程应当支付的工作人员报酬、材料款等实际支出的费用"。在中文汉语中对"等"字的理解有"等内"和"等外"两种含义，而《批复》中"工作人员报酬、材料款等……"的这个"等"字在语境上显然属于"等外"。这是因为承包人为建设工程应当支付实际支出的费用肯定不仅限于工作人员报酬和材料款，还包括了机械使用费、企业管理费、税金等其他费用。建成后的建筑物并不是简单的建筑材料的堆积，而是经过承包方施工管理后形成的具有交易价值的整体。所以，工程款优先权的保护范围理应包括施工过程的全部建安成本，即应包括施工过程中发生的机械费、管理费、措施费等费用〔1〕。有观点认为，建设工程价款优先受偿权的立法目的只是解决施工工人的劳动报酬，主要是农民工工资，是为生存权而设立的一种制度。这个观点显然有失偏颇，这是因为施工工人工资仅是发包人应向承包人支付的工程价款中的一小部分，如法律仅对施工工人工资进行保护，则依据劳动法即可，无须合同法另行规定。

第三，“承包人因发包人违约所造成的损失”指的应是“为建设工程实际支出的费用”之外的损失。

《合同法》第286条及《批复》虽然没有对工程款优先受偿权的性质作出明确规定，理论界和实务界对此也有争论，但基本一致的观点认为该项权利属担保物权性质。依照法律对担保物权的一般规定，当事人之间如无特别约定，担保物权所担保的债权的范围应当是债权的全部，包括主债权及其利息、违约金、赔偿金及实现债权的费用〔2〕。而工程款优先受偿权所指向的客体是建筑工程价款，实质上就是基于发包人对建设工程合同的违约行为而产生的债务，也就是依合同约定发包人应履行而未履行的付款义务。如果发包人依合同约定已经履行了付款义务，也就不存在所谓的优先受偿权问题了。因此，在本质上，建设工程价款优先受偿权要担保的债权就是因发包人违约而产生的给付之债，按照物权法的一般原理，可以包括主债权及其利息、违约金、赔

〔1〕参见周丽霞：《完善工程款优先权制度的五大意见和建议》，载《建筑时报》2016年5月19日，第1版。

〔2〕《物权法》第173条规定：“担保物权的担保范围包括主债权及其利息、违约金、损害赔偿金、保管担保财产和实现担保物权的费用。当事人另有约定的，按照约定。”

偿金及实现债权的费用。但由于主债权之外的其他损失并不属于工程价款的范畴，其对建筑产品价值的形成也未产生直接的作用，故《合同法》规定只有“工程价款”才可以优先受偿，如将其他损失也纳入优先受偿范围，有违背立法本意的嫌疑。因此，《批复》第3条作出了“不包括承包人因发包人违约所造成的损失”的规定。对这一表述的准确理解，需要完整地分析整个条款，在这个条款中“承包人为建设工程应当支付的工作人员报酬、材料款等实际支出的费用”与“承包人因发包人违约所造成的损失”同属于一个条款，用逗号分隔，两者之间是一种补充说明的关系，即用后者对前者的范围进行补充说明，首先阐明建筑工程价款的范围是承包人为建设工程实际支出的费用，这里的“实际支出的费用”与工程价款应属同一含义，然后再强调“承包人因发包人违约所造成的损失”不在范围内。也就是说，如果这项费用是承包人为建设工程实际支出的费用的话，原则上就应纳入建筑工程价款范畴，但如果因发包人违约给承包人造成了损失，而且这种损失并非承包人为建设工程而实际支出的费用的话，就不能纳入建筑工程价款范畴。所以，我们认为《批复》第3条中“承包人因发包人违约所造成的损失”指的是“为建设工程实际支出的费用”之外的损失。

## 二、工程款中的利润是否属于优先受偿权所担保债权的范围?

**【基本观点】**

实务中有两种不同观点。第一种观点认为，利润是工程价款的组成部分，应当列入优先受偿范围。比如在（2012）民再申字第16号案申请再审民事裁定书中，最高人民法院认为，工程利润属于工程款的组成部分，应属于优先权的受偿范围。第二种观点认为，利润作为承包人的预期收益，不属于“实际支出费用”的范畴。[1] 比如华恒建设集团有限公司与宁波市北仑蓝天造船有限公司建设工程价款优先受偿权纠纷案［（2015）浙甬民二终字第539号］中，浙江省宁波市中级人民法院二审认为，建设工程价款享有优先权的范围仅指承包人为建设工程所实际支出的费用，故建设工程价款中的利润部分不属于优先权的范围。

笔者赞成第一种观点。

**【观点解读】**

第一，工程款优先受偿权制度系为保护承包人工程债权所设，利润作为工程价款的重要组成部分，当然属于优先受偿的范围。《合同法》第286条规定：“建设工程的价款就该工程折价或者拍卖的价款优先受偿。”因此，对工程价款优先受偿权适用范围问题讨论的实质还是工程价款的问题，判断一项费用能不能优先受偿的关键和核心标准应当要看这项费用是不是属于工程价款。所谓工程价款，是指建筑企业因承包工程项目，按合同规定和工程结算办法的规定，将已完工程或竣工工程向发包单位办理结算而取得的价款。原国家建设部颁布的《建设工程施工发包与承包价格管理暂行规定》（建标〔1999〕1号）第5条规定：“工程价格由成本（直接成本、间接成本）、利润（酬金）和税金构成。”在传统的定额计价模式下，建设工程价款具体可分为四个部分：一是直接成本，又称直接费，包括定额直接费、其他直接费、现场管理费和材料价差。其中，定额直接费又包括人工费、材料费和施工机械使用费三部分。二是间接成本或称企业管理费，包括管理人员工资、劳动保护费等。三是利润，由发包人按照定额规定

〔1〕 参见丁林阳：《施工合同解除后，未完工程承包人主张工程价款优先受偿权起算点的确定》，载《人民司法》2012年第18期。

的差别利率计付给承包人。四是税金，主要包括营业税、城市建设税、教育费附加税和地方教育费附加。这四部分完整构成工程价款的整体，缺一不可。在2016年2月19日住建部办公厅颁布的《关于做好建筑业营改增建设工程计价依据调整准备工作的通知》（建办标〔2016〕4号）中明确规定："工程造价可按以下公式计算：工程造价=税前工程造价×（1+11%）。其中，11%为建筑业拟征增值税税率，税前工程造价为人工费、材料费、施工机具使用费、企业管理费、利润和规费之和。"因此，既然利润作为工程价款的重要组成部分，根据《合同法》第286条的立法本意，理应享有优先受偿权。对此，全国律协建房委副主任袁华之律师认为，根据工程价款的内涵，工程价款当然包括利润。[1]周丽霞律师也认为，从公平性角度分析，建成后的价值高于直接费用部分，理应根据各方投入予以合理分享。在严重拖欠工程款的情形下，承包方的合理利润也应属于工程款优先权受偿保护范围的。[2]

第二，将利润排除在承包人优先权的范围之外在实务中既不可行，亦无必要，会极大地增加司法的运行成本和当事人的诉讼成本。[3] 近年来，国家大力推行工程量清单计价模式，根据2014年2月起施行的《建筑工程施工发包与承包计价管理办法》（住建部令第16号）第8条和2013版《建设工程工程量清单计价规范》（GB 50500－2013）的规定，工程价款主要有两种表现形式，即签约合同价（合同价款）和竣工结算价。《建设工程工程量清单计价规范》1.0.3款规定："建设工程发承包及实施阶段的工程造价应由分部分项工程费、措施项目费、其他项目费、规费和税金组成。"2.0.47款规定签约合同价

〔1〕参见全国律协：《建设工程优先受偿权问题专题研讨会会议综述》，载中国律师网。

〔2〕参见周丽霞：《完善工程款优先权制度的五大意见和建议》，载《建筑时报》2016年5月19日，第1版

〔3〕参见王林清等：《建设工程合同纠纷裁判思路》，法律出版社2014年版，第274页。

（合同价款）是指“发承包双方在工程合同中约定的工程造价，即包括了分部分项工程费、措施项目费、其他项目费、规费和税金的合同总金额。”2.0.51 款规定竣工结算价是指“发承包双方依据国家有关法律、法规和标准规定，按照合同约定确定的，包括在履行合同过程中按合同约定进行的合同价款调整，是承包人按合同约定完成了全部承包工作后，发包人应付给承包人的合同总金额。”工程量清单计价是一种符合市场经济规律，允许市场主体进行充分竞争的计价模式。在这一模式下，合同价款中并不包含法定的利润，也没有额定的利润率。承包人的利润来自于分部分项工程费、措施项目费、其他项目费等竞争性费用，企业通过有效的管理，降低工程成本和管理费开支，以获取利润。在工程量清单计价模式下，合同价格主要由清单中的工程量及其综合单价经合价计算后确定，综合单价中包括了完成一个规定清单项目所需的人工费、材料和工程设备费、施工机具使用费和企业管理费、利润以及一定范围内的风险费用[1]。而承包人在投标时所报出的综合单价高低完全取决于企业自身管理水平，企业盈利或者亏损，均要通过对项目收入与支出进行完整详细的核算才能得出，这其中还包含了项目直接成本之外的企业管理费、风险费用等支出，在实践中法庭或仲裁庭根本无法从结算价中准确区分哪些是实际支出费用，哪些是损失、利润？有观点认为，由于利润不是承包人的实际支出，因此不能享有优先受偿权，我们认为这个观点是站不住脚的。首先，从客观上讲利润是工程价款不可分割的一部分，事实上也无法分割。其次，承包人是否从工程价款中获得利润本身存在不确定性，如果认为利润不是承包人的实际支出，那么如果承包人发生亏损，发包人是否需要补偿承包人因亏损而产生的实际支出呢？这部分补偿款是否也应当享有优先受偿权？

---

〔1〕 参见《建设工程工程量清单计价规范》（GB 50500－2013）2.0.8 款“综合单价”。

**【实务中应注意的问题】**

笔者认为，享有优先受偿权的建设工程价款范围，如系已竣工工程，应指竣工结算价；如系未竣工工程，应以签约合同价为基础确定已完工程价款。因此，受优先受偿权保护的利润应当是包含于已完工程量之中的利润，该部分利润已在事实上构成工程价款的组成部分。实务中，对合同解除、“烂尾楼”等未完工程，其未施工部分的预期可得利润，因尚未在事实上成为工程价款的组成部分，虽然可依据《合同法》第113条的规定，要求违约方赔偿“包括合同履行后可以获得的利益”在内的因违约所造成的损失，但该部分损失应作为一般债权处理，不应享受优先受偿权。

**【典型案例2.1】**

**宁波美特斯邦威纺织品有限公司与浙江省台州市繁荣建设工程有限公司建设工程价款优先受偿权案**〔1〕

浙江高院认为：“我国《合同法》第二百八十六条规定优先受偿的是建设工程的价款，而作为合同价款本身，即应当包含正常的利润，且相关法条和司法解释并未将施工人在履行施工合同中应当获取的正常利润排除在优先受偿的工程价款之外，美特斯邦威就此提出的再审理由，无法律依据，本院不予采信。”

## 三、工程款中的垫资款是否属于优先受偿权所担保债权的范围?

**【基本观点】**

《批复》第3条将建设工程优先权的范围限定在承包人为建设工

〔1〕（2011）浙民提字第84号。

程支付的工作人员报酬、材料款等实际支出的费用，但未明确承包人的垫资款是否可以优先受偿？一种观点认为，垫资是我国目前市场条件下承包人一种不得已而为之的行为，同时也是一种国际惯例，承包人的垫资款已经投入物化到建设工程中，成为工程价款，应当优先受偿。[1] 另一种观点认为，垫资不应纳入优先受偿的范围，一种理由认为，垫资行为发生后，在发包人和承包人之间产生一般的债权债务关系，其性质属于企业间的资金拆借行为，虽不宜将此类行为视为非法行为并予以处罚，但如果将由此产生的债权赋予法定优先权，则与立法目的及法理不合。《合同法》第 286 条的立法目的在于工程价款有相当部分是建筑工人的工资，应优先保护，但垫资款则来自承包人的自有资金，并非工人的工资。如将垫资款所生债权纳入优先受偿的范围，与立法目的不符。另一种理由认为，对垫资行为的法律效力应当具体分析。如果垫资行为扰乱了建筑市场，就危害了社会公共利益，那么垫资当然不能享有优先受偿权；如果垫资行为对公共利益不构成危害，有关部门的禁止性规定只能认定有害于建筑企业，对垫资只能认定为承包人自甘冒险。即使垫资的效力可认定，也只是发包人、承包人之间的借贷行为。这样，如果这种借贷而形成的债权应当优先受偿，银行的借贷也应当优先受偿[2]。

汪治平法官认为，垫资款能否优先受偿，应视是否已物化成为已完工程组成部分而定。承包人的垫资实际上有两种可能：一种情况是，虽然承包人垫付了资金，但未必真正用到工程中去，这种情况属于企业之间借款性质，有其明显的违法性，显然不能受《合同法》第 286 条的保护；另一种情况是，承包人垫付的资金确实已经物化到建设工程中去了，这部分资金应该列入《合同法》第 286 条所称的“工程价

〔1〕 参见王牧：《建设工程价款优先受偿权的行使》，载中国法院网。

〔2〕 参见汪治平：《建设工程价款优先受偿权的若干问题》，载《人民司法》2002 年第 8 期。

款”的范围，并且应该优先受偿。[1]

**【观点解读】**

笔者赞成将垫资款纳入优先受偿权担保范围，主要理由如下：

首先，承包人垫资是建筑施工行业的交易惯例，实际用于工程施工的垫资款已经转化为工程价款。在一个正常的工程款支付关系中，工程款一般分为工程预付款、工程进度款和工程结算款等，现实中向承包人提供预付款的发包人较为少见，常见的方式是发包人按时间节点（如按月、按季）或按工程进度节点向承包人支付相当于已完工程价值一定比例的进度款，不足部分由承包人垫付。即承包人先施工，发包人后付款，待工程竣工验收合格后，再进行最终结算，发包人按约定支付结算款。比如，《建设工程价款结算暂行办法》（财建〔2004〕369 号）第 13 条规定：“发包人应按不低于工程价款的 60%，不高于工程价款的 90% 向承包人支付工程进度款。”住房城乡建设部颁布的《建设工程施工合同（示范文本）》和国际通行的 FIDIC《施工合同条件》（红皮书）均有类似条款，属于建筑施工行业的交易惯例。在国际上通行的“交钥匙工程”中，承包人往往需要垫付所有涉及建设工程的款项，待工程交付后收取相应价款。目前我们所讲的垫资施工，发包人更多采用低比例支付进度款、延期付款等方式，其表现形式是比传统的进度款付款比例更低、期限更长。因此，如果这种做法是垫资的话，可以说工程建设中几乎所有的价款都是垫资，若将这种垫资排除在优先受偿权范围之外，这显然与《合同法》立法目的不符。《最高人民法院关于审理建设工程施工合同纠纷案件适用法律问题的解释》第 6 条第 2 款规定：“当事人对垫资没有约定的，按照工程欠款处理。”已经明确表示，除非当事人另有约定，垫资的性质就是工程欠款。《江苏省高级人民法院关于审理建设工程施工合同纠

〔1〕 参见汪治平：《建设工程价款优先受偿权的若干问题》，载《人民司法》2002 年第 8 期。

纷案件若干问题的意见》（苏高法审委〔2008〕26号）第21条规定："承包人的优先受偿权范围限于建设工程合同约定的工程价款，包括承包人应当支付的工作人员报酬、材料款、用于建设工程的垫资等实际支出的费用。"《浙江省高级人民法院执行局执行中处理建设工程价款优先受偿权有关问题的解答》（浙高法执〔2012〕2号）也明确规定："建设工程价款优先受偿权的范围为建设工程的工程价款，包括承包人应当支付的工作人员报酬、材料款和用于建设工程的垫资款等。"可见，用于建设工程的垫资款属于工程价款的范畴已经在司法审判实践中得到普遍认可。而且，由于是先施工后付款，不论是依合同约定垫付的，还是承包人被迫自行垫付的，承包人用于工程施工的垫资款实际上已经物化为工程的一部分，当然应属于《合同法》第286条规定的工程价款和《批复》中所称"实际支出费用"的范畴[1]，应属于建设工程优先权所涵盖的工程款债权范围。

其次，承包人垫资并不具有违法性，应当受到法律的保护。"承包人垫资违法"的依据是1996年6月由建设部、国家计委、财政部下发的《关于严格禁止在工程建设中带资承包的通知》（建建〔1996〕347号），该文规定："任何建设单位都不得以要求施工单位带资承包作为招标投资条件，更不得强行要求施工单位将此类内容写入工程承包合同。对于在工程建设过程中出现的资金短缺，应由建设单位自行筹集解决，不得要求施工单位垫款施工。""施工单位不得以带资承包作为竞争手段承揽工程。"[2] 2006年1月，《建设部、国家发改委、财政部、中国人民银行关于严禁政府投资项目使用带资承包方式进行建设的通知》（建市〔2006〕6号）规定："政府投资项目一律不得以建筑业企业带资承包的方式进行建设，不得将建筑业企业带资承包作

〔1〕参见王林清等：《建设工程合同纠纷裁判思路》，法律出版社2014年版，第275页。

〔2〕该通知已于2006年1月4日废止失效。

为招投标条件。”但前述两个文件既不是法律，也不是行政法规，根据《合同法》的规定，施工合同中的垫资条款并不违反法律、行政法规的禁止性规定，在法律上是有效条款，所以垫资施工充其量是违规而非违法。《最高人民法院关于云南省昆明官房建筑经营公司与昆明柏联房地产开发有限公司建筑工程承包合同纠纷一案的复函》（〔2000〕经他字第5号）中曾明确指出：“人民法院在审理民事、经济纠纷案件时，应当以法律和行政法规为依据。建设部、国家计委、财政部《关于严格禁止在工程建设中带资承包的通知》，不属于行政法规，也不是部门规章。从该通知内容看，主要以行政管理手段对建筑工程合同当事人带资承包进行限制，并给予行政处罚，而对于当事人之间的债权债务关系，仍应按照合同承担责任。因此，不应以当事人约定了带资承包条款，违反法律和行政法规的规定为由，而认定合同无效。”由此可见，垫资合同属于有效合同，应当受到法律的保护。而且，从客观上分析，虽然垫资行为本身违反了有关部门的行政管理规定，但只要承包人确实将垫资用于工程建设，那么所垫资金实际上就已经物化到了建设工程的价值之中，如果不对其加以保护，显然也是不合理的。

最后，将垫资款纳入优先受偿范围体现了《合同法》的立法目的。从我国建筑市场的现状来看，发包人居于优势地位，建筑施工企业处于弱势地位，是典型的发包人市场。建筑施工行业的准入门槛相对较低，施工企业僧多粥少，建筑施工行业在大量吸纳劳动力，解决社会就业问题的同时又面临极为惨烈的内部竞争，而且在今后若干年内这种状况还将持续。为了迎合发包方，以便能够揽到工程，建筑企业只能同意发包人提出的苛刻条件，其中就包括垫资施工。所以，建筑企业并非“自冒风险”，而是为求生存，被迫垫资的。有人认为垫资款是来自承包人的自有资金，并非工人工资，因此不能优先受偿，持这个观点人显然对中国的建筑市场和建筑施工行业了解不深。建筑业是公认的低利润行业，又是非常依赖于资金流动性的行业，由一个承包人全部使用自有资金垫资完成一个项目几乎不可能，即使有能力垫付少数项目，也无法做到垫付更多的项目，所能采取的方法往往就是通过层层垫付、层层拖欠，向下游分包商、供应商乃至劳务人员转移资金压力，这种做法带来的只能是市场和行业的恶性循环。笔者认为，《合同法》创设建设工程价款优先受偿权的主要立法目的在于保护承包人因承建工程而物化至建设工程之中的实际支出费用，进而促进整个建筑市场的健康发展。因此，将实际用于工程施工并已经转化为工程价款的垫资款纳入优先受偿范围既体现了《合同法》的立法目的，也完全符合我国建筑市场的实际情况。

**【实务中应注意的问题】**

实务中需要注意，如果承包人虽垫付了资金或者向发包人出借了资金，但实际上并未用于工程建设的，这种垫资关系实质上是一种借贷关系，产生的只是普通债权，而不应属于建设工程优先权的涵盖范围[1]。《江苏省高级人民法院关于审理建设工程施工合同纠纷案件若干问题的意见》（苏高法审委〔2008〕26号）第21条第2款也明确提出："未用于建设工程的借款以及发包人应当支付的违约金或者因为发包人违约所造成的损失不属于建设工程价款优先受偿权的受偿范围。"

**【典型案例2.2】**

## 东至县恒新工程有限公司与安徽省长金种子研发有限公司建设工程价款优先受偿权案[2]

安徽省东至县人民法院在一审民事判决书中认为："恒新公司在施工中采取全额垫资承建，垫资部分包括工人工资、材料款等其他施

〔1〕 参见雷运龙、黄锋：《建设工程优先权若干问题辨析》，载《法律适用》2005年第10期。

〔2〕 （2016）皖1721民初字第669号。

工中必要的实际支出费用，符合最高人民法院关于建设工程价款优先受偿权问题的批复所规定优先受偿权范围，故原告就其实际垫资支出的费用享有优先受偿权。”

## 四、工程款中的质量保证金是否属于优先受偿权所担保债权的范围？

**【基本观点】**

主流观点认为，质量保证金来源于工程款，属于工程价款的范畴，应当属于优先受偿的范围。

**【观点解读】**

根据《建设工程质量管理条例》的规定，建设工程实行质量保修制度，建设工程在保修范围和保修期限内发生质量问题的，施工单位应当履行保修义务，并对造成的损失承担赔偿责任，质量保证金（保修金）实质上是承包人用于保证其在缺陷责任期内履行缺陷修补义务的担保。住房城乡建设部、财政部《建设工程质量保证金管理办法》（建质〔2016〕295 号）第 2 条规定：“本办法所称建设工程质量保证金（以下简称保证金）是指发包人与承包人在建设工程承包合同中约定，从应付的工程款中预留，用以保证承包人在缺陷责任期内对建设工程出现的缺陷进行维修的资金。”从这个定义可以看出，质量保证金是从应付工程款中预留，来源于工程款，是工程款的一部分，只是被发包人扣留了，用于对承包人履行质量保修义务形成约束。如果按合同约定或法律法规规定，预留保证金的期限届满且承包人履行了保修义务的，发包人应将质量保证金退还给承包人。因此，质量保证金既然是工程价款不可分割的一部分，而且其对应的价值已经物化到建设工程中，应属于《合同法》第286条规定的工程价款和《批复》中所称“实际支出费用”的范畴，当然也在优先权担保范围之内。《宣城市中级人民法院关于审理建设工程施工合同纠纷案件若干问题的指导意见（试行）》第23条规定：“建设工程施工合同或补充协议约定建设工程质量保证金从工程价款的余款中扣留，承包人主张该建设工程价款优先受偿权的范围可以包括建设工程质量保证金在内。”

**【实务中应注意的问题】**

实践中经常出现一种情况，即承包人以现金、银行存款等方式向发包人缴纳一笔保证金，名义上可能称之为“质量保证金”，但与《建设工程质量管理条例》、《建设工程质量保证金管理办法》中规定的，从应付工程款中预留的质量保证金存在本质上的差异。后者源于工程价款，是已完工程的对价及工程款的组成部分，而前者更加符合履约保证金的法律特征，实质上是一种债的担保，同时也不是为工程实际支出的费用，因此不宜纳入优先受偿的范围。

**【典型案例2.3】**

## 宁波超强装饰有限公司与余姚龙鼎商业广场有限公司建设工程施工合同案[1]

浙江省余姚市人民法院认为：“现该工程于2015年6月26日经过竣工结算，故5%的质保金的支付期限尚未到达，其可待到期后另行主张。原告在涉案工程完工后六个月内已经向被告就涉案工程主张过优先受偿权，故对原告要求工程款优先受偿的诉讼请求，本院亦予以支持。”

---

〔1〕（2016）浙0281民初字第591号。

【典型案例 2.4】

## 上海家树建筑工程有限公司与昆山领地置业发展有限公司建设工程施工合同案[1]

仲裁庭认为："按 2013 年 10 月 19 日《工程结算审价报告》审计确定的金额进行结算，扣除被申请人已付款 300 万元和未届期质保金 2，512，979.05元后，被申请人尚欠本案工程余款 44，746，601.95 元。根据最高人民法院法释〔2002〕16 号批复规定，认定建筑工程的承包人的优先受偿权优于抵押权和其他债权，其建筑工程价款并不包括承包人因发包人违约所造成的损失。因此，申请人在行使优先权的有效期限内，对已竣工结算的全部已完工程（含'枫丹御园'住宅项目二期 4#、5#、10#至 13#、20#至 23#、30#至 35#，共 16 栋楼房屋及雨污水工程、垃圾房、围墙等附属工程）在欠付工程款 47，259，581 元的范围内享有优先受偿权，但消费者已经支付全部或大部分购房款的除外。"

## 五、因发包人违约所造成的停窝工等实际损失、索赔是否属于优先受偿权所担保债权的范围？

【基本观点】

由于司法实践中对《批复》第 3 条规定的建筑工程价款"包括承包人为建设工程……实际支出的费用"和"不包括承包人因发包人违约所造成的损失"存在不同的理解，因而对是否应将因发包人违约所造成的停窝工损失、索赔等纳入优先受偿的范围存在较大的争议，不

〔1〕 上海仲裁委员会（2013）沪仲案字第 1499 号。

同法院和仲裁机构在审判实践中对此问题的裁判口径也有很大差异。

有观点认为，停窝工损失、索赔等属于因发包人违约给承包人造成的损失，不应纳入优先受偿范围。比如，天津仲裁委员会《建设工程施合同纠纷案件仲裁指引》第 7 条第 3 款规定："工程价款优先受偿的范围仅包括承包人因承包工程而实际支出的费用，包括人员工资、材料款、机械台班费、各种税费等。利息、停窝工损失、违约金等均不属于优先受偿的范围。"山东省高级人民法院在青岛一建集团有限公司与青岛泰隆国际商业广场有限公司、青岛华泰隆投资集团股份有限公司建设工程施工合同纠纷案［（2013）鲁民一终字第 391 号］二审中认为："根据法释〔2002〕16 号最高人民法院《关于建设工程价款优先受偿权问题的批复》第三条的规定，建筑工程价款包括承包人为建设工程应当支付的工作人员报酬、材料款等实际支出费用，不包括承包人因发包人违约所造成的损失，因此一建公司享有优先受偿权的部分不应包括停工窝工费用1，048，572元，其享有优先受偿权部分价值为 41，965，408. 37 元（计算公式：43，013，980. 37 元 - 1，048，572元）。"在辽宁中天建设（集团）有限公司与大连华成天宇房地产开发有限公司建设工程施工合同纠纷案［（2015）大民二初字第 00038 号］一审中，大连市中级人民法院认为原告中天公司要求对其管理人员的误工损失和工人停误工损失共计 6，430，866. 00 元确认优先权，因该费用系基于华成天宇公司的违约行为而致使中天公司产生的损失，且中天公司未能提供充分的证据证明该笔费用其已实际支出，故上述误工损失不属于法律规定的优先受偿范围，对中天公司的该项诉请，没有充分的事实和法律依据，不予支持。

但也有观点认为，停窝工损失、索赔等是工程结算价款的重要组成部分，也属于《合同法》第 286 条款所称的"工程价款"的范围。同时，建设工程价款优先受偿权保护的是承包人为建设工程实际支出的费用，停窝工损失并非违约损失，而是源于发包人原因的停工而产生的费用，是承包人实际已经支出的费用，因此属于优先受偿权范围。笔者同意这一观点。

**【观点解读】**

如前文所述，判断一项费用能否纳入优先受偿范围的关键，首先要看这项费用是否属于工程价款的范畴，其次要看这项费用是否属于承包人为建设工程的实际支出。

首先，停窝工损失、索赔属于工程价款的范畴。住房城乡建设部和国家工商总局制定的2013版《建设工程施工合同（示范文本）》对何谓“合同价格”作出的定义“是指发包人用于支付承包人按照合同约定完成承包范围内全部工作的金额，包括合同履行过程中按合同约定发生的价格变化。”1999版FIDIC《施工合同条件》1.1.4.2对“合同价格”的定义“指第14.1款【合同价格】中定义的价格，包括根据合同所做的调整。”而停窝工损失、索赔、现场签证等均属于合同履行过程中发生的价格变化或调整，也是工程竣工结算时需要最终确认的主要内容。《建设工程价款结算暂行办法》（财建〔2004〕369号）第14条规定：“工程完工后，双方应按照约定的合同价款及合同价款调整内容以及索赔事项，进行工程竣工结算。”可以看出，在工程结算价款中包含了合同价款的调整内容及索赔事项。2013版《建设工程工程量清单计价规范》（GB 50500－2013）第9.1.1款规定：“发生下列事项的，发承包双方应当按照合同约定调整合同价款……”其中第11～13项内容分别是“误期赔偿、索赔和现场签证”，这里的误期赔款也就是我们讲的停窝工损失，可见在现行的国家强制性标准中也明确将停窝工损失、索赔等费用纳入合同价款的范畴。工程实践中，一旦承包人与发包人就索赔事件达成一致意见，签字盖章后就形成了现场签证，签证在法律上就是合同当事人双方意思表示一致的补充协议，互相书面确认的签证即成为工程结算、增减工作量、调整合同价款、延长施工工期的依据。根据我国现行工程计价规范，现场签证应当纳入合同价款的范围，当然应在优先受偿权担保的范围之内。

其次，停窝工损失、索赔是承包人为建设工程实际支出的费用。建设工程价款优先受偿权的客体是依合同约定发包人应履行而未履行的付款义务，其要担保的债权本身均属于因发包人违约所造成的损失，因此这里讨论的核心问题不在于这笔费用是不是因发包人违约而产生，而是要看该费用是否属于承包人为建设工程实际支出的费用。承包人为实施一个工程项目的施工需要制订详细的施工组织计划，并按照计划组织相应的劳动力、材料设备、施工机具等资源，组建并派驻项目管理班子，这些资源都是按照原定工期和正常施工进度所作出的安排，一旦发生停工，原先已经落实的资源必然发生损失。比如，已经进场施工人员会发生窝工，在发包人明确表示承包人可以撤出施工人员或者恢复正常施工前，承包人仍然需要向施工人员支付一定的报酬；已经进场的材料、工程设备等可能因停工而导致损耗或浪费；已经进场的大型机械设备，无论是否正常作业，均要向出租单位支付机械台班费。此外，承包人的企业管理层和项目管理班子仍需要为停工后的工程实施一定的管理活动，必然也会发生相应的成本，以上这些费用均是为建设工程实际支出的费用。因此，《合同法》第 284 条规定：“因发包人的原因致使工程中途停建、缓建的，发包人应当采取措施弥补或者减少损失，赔偿承包人因此造成的停工、窝工、倒运、机械设备调迁、材料和构件积压等损失和实际费用。”这里的“因发包人的原因”通常包括设计变更或发包人增加工程量、发包人未能按约定及时支付工程进度款、提供材料设备等。以上这些情况将导致承包人付出更多的材料、人工、机械、管理成本等实际支出，也将导致工期的延长。2013 版《建设工程施工合同（示范文本）》7. 8. 1 款规定：“因发包人原因引起的暂停施工，发包人应承担由此增加的费用和（或）延误的工期，并支付承包人合理的利润。”此外，按照合同约定，在发生停工但尚未导致合同解除的情形下，承包人需要承担工程照管的责任。2013 版《建设工程施工合同（示范文本)》7. 8. 7 款规定："暂停施工期间，承包人应负责妥善照管工程并提供安全保障，由此增加的费用由责任方承担。"综上，我们可以得出结论，所谓的停窝工损失，就是指因停工而实际支出的人工费、材料费、工程设备费、施工机具使用费、工程照管费和企业管理费等成本。而对于工程索赔，理论界和实务界通常认为其只具有补偿性，而不具有惩罚性，只有实际发生了经济损失或权利损害，一方才能向对方索赔。比如，1999 版《建设工程施工合同（示范文本)》1. 21 款对索赔作出的定义："指在合同履行过程中，对于并非自己的过错，而是应由对方承担责任的情况造成的实际损失，向对方提出经济补偿和（或）工期顺延的要求。"这一定义也是国际工程界和法律界的普遍理解。在实践中，引起索赔的干扰事件有很多，原因也很复杂，设计变更、业主原因导致的停工是常见的索赔事件，但无论何种原因，索赔的费用均是应由对方承担责任的情况而造成的实际损失，并且这些损失均是在无过错方履行建设工程施工合同的过程中产生的，为建设工程的实际支出，符合《批复》第 3 条的规定，尤其是因设计变更或发包人增加工程量所产生的实际支出已物化为到已完工程之中。《安徽省高级人民法院关于审理建设工程施工合同纠纷案件适用法律问题的指导意见（二)》第 23 条规定："因发包人原因导致承包人施工期间停窝工产生的工人工资、设备租赁等费用，承包人将该费用与工程价款一并主张优先受偿权的，应予支持。"

**【实务中应注意的问题】**

我国《建设工程施工合同（示范文本)》、FIDIC《施工合同条件》（红皮书）等国内外常用施工合同中均明确规定，承包人应当在知道或应当知道索赔事件发生后的 28 天内向监理人（工程师）递交索赔意向通知书，并说明发生索赔事件的事由，承包人未在前述 28 天内发出索赔意向通知书的，丧失要求追加付款和（或）延长工期的权利，这就是著名的“索赔过期失权”制度。这项制度被建筑市场所广泛接受，也是国际工程交易中的一项惯例，同时也在我国司法审判实践中被普遍认可。因此，实践中应当结合合同约定，区分不同情况作出处理：

第一，如合同对索赔期限及逾期索赔的后果有明确约定，而承包人未在约定期限内提出索赔的，审判机关或仲裁机构应当按约定处理，不应支持其针对该部分索赔所主张的债权，当然也不应享有优先权。

第二，如合同对索赔期限及逾期索赔的后果有明确约定，承包人在约定期限内提出索赔，发包人也已经以签证等形式加以确认，或者发包人虽未确认，但根据合同约定，发包人逾期答复，视为认可承包人索赔要求的，根据合同约定和我国现行工程计价规范等规定，该部分索赔费用应纳入工程价款，可以享受优先受偿权。

第三，如合同对索赔期限及逾期索赔的后果没有明确约定或约定不明，发承包双方也未在施工过程中对停窝工损失等以签证、索赔等形式加以确认，承包人在诉讼或仲裁过程中提出主张的，其法律上的性质更符合违约金或赔偿金，按照《批复》第 3 条的规定，不宜纳入优先受偿范围。

**【典型案例 2.5】**

## 重庆宏耀建设有限公司与富亿实业有限公司建设工程施工合同案[1]

二审中，重庆市第五中级人民法院认为：“根据法律规定，工程款优先受偿权不应包括因富亿公司违约而造成的违约利益损失 68 万元，而停工窝工损失394，762.03 元、排除干扰和停工损失300，000 元并非违约损失，是基于停工而产生的费用，该损失是宏耀公司因停

〔1〕（2014）渝五中法民终字第 00189 号。

工而已实际支出的机械材料费用、人工工资等，属于法律规定的优先受偿权范围，故宏耀公司在案涉工程中享有的工程价款4，405，938.31元（3，278，412.23元+临时设施费用432，764.05元+停工窝工损失394，762.03元+排除干扰停工损失300，000元）的优先受偿权。”

**【典型案例2.6】**

## 浙江乔兴建设集团有限公司与凯博置业、中铁房地产有限公司建设工程施工合同案[1]

一审法院认为：“停工损失主要针对停工期间建设工人工资以及建设设备的投入，属于乔兴公司的直接损失，性质上类同于工程款，故根据《最高人民法院关于建设工程价款优先受偿权问题的批复》第三条，建设工程价款包括乔兴公司为建设工程应当支付的工作人员报酬、材料款等实际支出的费用，不包括乔兴公司因发包人违约所造成的损失的规定，确认乔兴公司对凯博公司欠付的43，724，101元工程款和1，000，000元停工损失范围内享有优先受偿权。”

**【典型案例2.7】**

## 广西明宏达有限公司、陈伟建诉永茂有限公司、福顺有限公司建设工程价款优先受偿权上诉案[2]

广西壮族自治区高级人民法院认为：“由于福顺公司未依约支付工程价款，永茂公司承建的工程停停建建，累计塔吊起重机停工249天，搅拌机及施工机械停工283天，造成了永茂公司支付塔班费、机械费和民工工资等经济损失1，806，041.01元。依据《最高人民法院关于建设工程价款优先受偿权问题的批复》第三条规定，该款系永茂

〔1〕（2015）湖安民初字第909号。

〔2〕（2011）桂民一终字第61号。

公司为建设工程应当支付的实际支出费用，属于建筑工程价款，也应当优先受偿。”

## 六、工程款利息是否属于优先受偿权所担保债权的范围?

**【基本观点】**

对于工程款利息是否应当纳入优先受偿权担保范围，司法实践中存在两种不同的观点：

第一种观点认为，利息是承包人因发包人违约所造成的损失，根据《批复》第3条的规定，不属于建筑工程价款的范畴，因而不在优先受偿范围内。比如，广大建设集团有限公司诉义乌市金钱福工艺品有限公司建设工程施工合同纠纷案［（2013）浙金民终字第1112号］中，浙江省金华市中级人民法院认为：“《最高人民法院关于建设工程价款优先受偿权问题的批复》第三条规定，建筑工程价款包括承包人为建设工程应当支付的工作人员报酬、材料款等实际支出的费用，不包括承包人因发包人违约所造成的损失。故广大公司对金钱福公司尚欠工程款748，558.3元享有优先受偿权，对利息损失不享有优先受偿权。”

第二种观点认为，建设工程价款的迟延利息应列入优先受偿范围。虽然《合同法》未明确规定建设工程价款迟延利息的优先受偿问题，但利息不同于承包人的其他损失，是基于承包人实际支出的费用而产生的孳息，属于其法定孳息，与工程款本为一体。比如，最高人民法院审理的唐山爱德利尔塑料制品有限公司、中国工商银行股份有限公司唐山丰南支行与河北省汉沽农场建筑工程总公司建设工程施工合同纠纷案［（2012）民再申字第16号］申请再审民事裁定书中，最高人民法院认为，工程利润属于工程款的组成部分，应属于优先权的受偿范围，而利息属于法定孳息，系承包人实际支出费用而产生的孳息，与工程款本为一体，也应属于优先权的受偿范围。

笔者倾向于第一种观点。

【观点解读】

第一，利息不属于工程价款。依照法律对担保物权的一般规定，当事人之间如无特别约定，担保物权所担保的债权的范围应当是债权的全部，包括主债权及其利息、违约金、赔偿金及实现债权的费用。就工程款优先权而言，在性质上虽同属担保物权的范畴，但其所担保的债权范围与其他担保物权有所不同，从《合同法》第 286 条的规定来看，其担保的债权范围仅为建设工程价款。而因一方违约而所产生的利息，不管是《建设工程施工发包与承包价格管理暂行规定》，还是现行的《建设工程工程量清单计价规范》均未将其列为工程价款的组成部分，自然也不能享受《合同法》专为工程款而设立的优先受偿权。

第二，利息不属于承包人为建设工程实际支出的费用。利息虽源于工程款，因发包人欠付工程款而产生，但并未实际投入施工生产作业，也未物化于工程本身。从已完工程所对应的价值来看，包含了人工费、材料费、施工机械费、企业管理费等实际支出的费用，其市场价值也主要由此决定，而利息有无或多少并不影响工程的价值。最高人民法院建设工程施工合同司法解释规定，当事人对欠付工程价款利息计付标准有约定的，按照约定处理；没有约定的，按照中国人民银行发布的同期同类贷款利率计息。作出这一规定的主要理由是，因为承包人延迟收到工程款，势必产生该笔价款在时间价值上的损失，在难以确定其他计算标准的情况下，假定承包人需要通过银行贷款以获取相应的流动资金，为此必然产生贷款利息的损失，由发包人补偿这些损失是合理的，也属于违约一方承担违约责任的方式。而按照《批复》第 3 条的解释，建设工程价款优先受偿的范围不包括承包人因发包人违约所造成的损失。

第三，利息不纳入承包人优先受偿范围更能体现公平和平衡各方利益的原则。我国《合同法》对承包人的优先受偿权没有规定必须登记，也就是说建设工程价款优先受偿权不以登记为条件。而发包人在工程建设的过程中，为了进行融资，经常需要将土地使用权或者在建工程以及建成的工程抵押给其他债权人，而且建设工程价款优先权并不必须经过登记才能产生，实践中也没有登记。由于该权利的公示方式存在不确定性，因而很难确定这种权利产生的时间，现实中多数抵押权的设立时间早于承包人的优先受偿权。特别是，为发包人提供融资的其他抵押权人已经将大量资金投入到在建工程中，在法律已经赋予承包人法定且受偿顺序先于抵押权的优先权的情况下，有必要对这种权利的范围进行合理的限定，以更好地体现公平和平衡各方利益的原则。

**【实务中应注意的问题】**

《最高人民法院关于审理建设工程施工合同纠纷案件适用法律问题的解释》第 17 条规定："当事人对欠付工程价款利息计付标准有约定的，按照约定处理；没有约定的，按照中国人民银行发布的同期同类贷款利率计息。"江苏省高级人民法院《建设工程施工合同案件审理指南 2010》也指出："工程建设中，大部分的项目都要求承包人垫付工程款，或者由于发包人的原因拖欠工程款，给承包人带来资金压力和利息损失。承包人按照合同约定完成工程建设，发包人应当支付工程款，对发包人拖欠的工程款，双方之间有利息约定的，从其约定，没有约定的，工程款利息作为工程款的法定孳息，应当予以支持，标准按照中国人民银行发布的同期同类贷款利率计算。"前述规定确立了欠付工程价款利息的合法性。实践中，如果当事人在合同中明确约定承包人垫资完成全部工程或部分工程，发包人以补贴的形式给予承包人利息补偿，并且已经通过阶段性结算或竣工结算计入工程结算价之中的，可以视作为工程价款的一部分。这部分利息的产生，并非因为发包人的违约，而是源于合同本身的约定。同时，根据《物权法》的规定，银行利息作为主债权的收益，属于法定孳息，除法律有特别规定或者当事人有特别约定外，取得孳息的权利随着主物所有权的转移而转移。对这种非因发包人延迟支付建设工程价款而产生的利息，不应视为承包人因发包人违约所造成的损失，可以纳入法定优先权的受偿范围。

**【典型案例2.8】**

## 永康钱塘江房产开发公司与东阳南方建筑工程公司建设工程价款优先受偿权案[1]

浙江省金华市中级人民法院认为：根据《最高人民法院关于建设工程价款优先受偿权问题的批复》第3条之规定，建筑工程价款包括承包人为建设工程应当支付的工作人员报酬、材料等实际支出的费用，不包括承包人因发包人违约所造成的损失。从被申请人南方建筑公司的诉讼请求构成来看，除了利息损失，其他诉讼请求基本上属于该公司实际支出的费用，原判并未判定被申请人南方建筑公司对利息损失享有优先受偿权，故并未包括“承包人因发包人违约所造成的损失”，因此，原判认定被申请人南方建筑公司对再审申请人钱塘江房产公司未付的工程款享有优先受偿权于法有据，可予确认。

**【典型案例2.9】**

## 江苏鲁人有限公司与冀州国兰宏博房地产开发公司建设工程施工合同案[2]

一审中，河北省衡水市中级人民法院认为：“《中华人民共和国合

---

〔1〕（2016）浙07民申字第110号。

〔2〕（2012）衡民三初字第61号。

同法》第二百八十六条规定了承包人对建设工程价款享有优先受偿权，最高人民法院《关于建设工程价款优先受偿权问题的批复》（法释〔2002〕16号）第三条规定：'建筑工程价款包括承包人为建设工程应当支付的工作人员报酬、材料款等实际支出的费用，不包括承包人因发包人违约所造成的损失。'依据上述规定，原告享有优先受偿权的范围也仅限于欠付的工程款，不包括欠付工程款的利息。对原告要求确认其对碧水湾大酒店享有建设工程价款优先受偿权符合法律规定的部分本院予以支持。"

**【典型案例2.10】**

## 重庆建工第七建筑工程有限公司与科华电子技术有限公司建设工程价款优先受偿权案[1]

重庆市第五中级人民法院一审认为，原告对5，657，290元工程款行使优先受偿权的诉讼请求成立。但因"建筑工程价款包括承包人为建设工程应当支付的工作人员报酬、材料款等实际支出的费用，不包括承包人因发包人违约所造成的损失"，故法院对原告要求确认工程款利息的优先受偿权的请求不予支持。

## 七、履约保证金是否属于优先受偿权所担保债权的范围?

**【基本观点】**

主流观点认为，履约保证金是债的担保方式，不属于工程款范畴，不应适用《合同法》第286条规定的建设工程价款优先受偿权。笔者同意该观点。

---

〔1〕（2011）渝五中法民初字第248号。

【观点解读】

履约保证金是工程发包人为防止承包人在合同履行过程中违反合同约定，并弥补发包人因此造成的损失而要求承包人交纳的一定数目的金钱。发包人不得将履约保证金挪作他用，并在工程竣工验收后退还给承包人。《招标投标法》第46条规定："招标文件要求中标人提交履约保证金的，中标人应当提交。"履约保证金作为一种债的担保方式，合法有效，但该保证金与建设工程本身没有直接的关系，应当属于一般的债权债务关系，不属于工程款范畴，且履约保证金不是为工程实际支出的费用，故不属于优先受偿权所担保债权的范围。另外，基于货币占有与所有一致的原则，发包人接收履约保证金后即享有其所有权，即使发包人将其投入了工程建设，也不宜认定该部分工程价值属于承包人所有，承包人对履约保证金享有的只是一种返还请求权，仍不能就此享有优先受偿的权利。

【实务中应注意的问题】

实务中应注意质量保证金和履约保证金的区别，如果是从应付工程款中预留，用于保证承包人在一定期限内履行质量保修义务的保证金，符合《建设工程质量管理条例》、《建设工程质量保证金管理办法》所规定的质量保证金的特征，属于工程价款的一部分，应纳入优先受偿范围。如果是以承包人向发包人缴纳现金等方式出现的保证金，不管其名义上如何称呼，在法律上都是一种债的担保，实质上应认定为履约保证金，不宜纳入优先受偿的范围。实践中，承包人应注意防范以现金等方式向发包人缴纳"质量保证金"、"工程押金"的风险。

【典型案例 2.11】

## 浙江特富锅炉有限公司与中轻房地产开发公司建设工程施工合同案[1]

对于原告请求确认其主张的1，995，000元在被告在建工程折价款及拍卖价款范围内享有优先受偿权的问题，绍兴市柯桥区人民法院认为，首先，根据《最高人民法院关于建设工程价款优先受偿权问题的批复》第3条关于优先受偿权范围的规定，因原告主张的履约保证金255，000元不属于该条规定的支付工作人员的报酬、材料款等实际支出的费用，故原告该项诉请，于法无据，不予支持。

【典型案例 2.12】

## 五洋建设股份公司与中轻房地产开发公司建设工程施工合同案[2]

绍兴市柯桥区人民法院认为，《最高人民法院关于建设工程价款优先受偿权问题的批复》第3条规定："建设工程价款包括承包人为建设工程应当支付的工作人员报酬、材料款等实际支出的费用，不包括承包人因发包人违约所造成的损失。"显然本案履约保证金不属于建设工程价款优先受偿权的范围，故对原告合理部分诉讼请求予以支持，对其不合理部分不予支持。

【典型案例 2.13】

## 商丘华商农村银行与天宏建筑公司建设工程施工合同案[3]

河南省商丘市中级人民法院再审认为，关于天宏建筑公司对20万

[1] (2014) 绍柯民初字第4461号
[2] (2015) 绍柯民初字第1325号。
[3] (2013) 商民再终字第17号。

元工程押金及利息是否享有建设工程价款优先受偿权问题。《合同法》第286条对于建设工程欠款优先受偿的债权范围明确规定为“建设工程的价款”。《最高人民法院关于建设工程价款优先受偿权问题的批复》第3条对建设工程价款优先受偿的债权范围作出了界定，即“建设工程价款包括承包人为建设工程应当支付的工作人员的报酬、材料款等实际支出费用，不包括承包人因发包人违约所造成的损失。”本案天宏建筑公司支付的20万元押金属于合同履约保证金，是承包人为担保合同的履行而向发包人支付的一种保证金，属于一般的债权债务关系，故该20万元不属于建设工程价款优先受偿的范围，因此，抗诉机关的该抗诉理由成立，予以支持。

## 八、发包人应当支付的违约金、赔偿金等是否属于优先受偿权所担保债权的范围？

**【基本观点】**

笔者认为，承包人依合同向发包人主张的违约金、赔偿金等违约责任款项不应列入建设工程价款优先受偿权的范围。

**【观点解读】**

首先，违约金、赔偿金等不属于工程价款的范畴。根据对法律条文的字面意思进行解释，《合同法》第286条规定享有优先受偿权的是“建设工程价款”，而按照通常的理解，违约金、赔偿金等并不属于“工程价款”之列。这不但是行业习惯，而且还有部门规章作为依据，根据原建设部《建设工程施工发包与承包价格管理暂行规定》（建标〔1999〕1号）第5条的规定，建设工程价款包括三部分：“成本（直接成本、间接成本）、利润（酬金）和税金。”具体可分四部分：一是直接费，即直接成本，包括定额直接费、其他直接费、现场管理费和材料价差。其中，定额直接费又包括人工费、材料费和施工机械使用费三部分。二是间接费，即间接成本或称企业管理费，包括管理人员工资、劳动保护费等十多项。三是利润。四是税金。这四部分构成工程价款的整体。可见，建设工程价款中并不包括违约金、赔偿金等违约责任款项，当然也不属于《合同法》第286条规定的工程款优先受偿范围。

其次，违约金、赔偿金等属于《批复》第3条所称的“承包人因发包人违约所造成的损失”，应排除在优先受偿范围之外。根据《合同法》第107条的规定，当事人一方不履行合同义务或者履行合同义务不符合约定，承担违约责任的方式包括继续履行、采取补救措施或者赔偿损失等。根据第114条的规定，当事人可以约定一方违约时向对方支付一定数额的违约金，也可以约定损失赔偿额的计算方法。笔者认为，《批复》第3条中的“承包人因发包人违约所造成的损失”就是指因发包人违反建设工程合同中的违约责任条款，根据《合同法》第七章（违约责任）规定而应向承包人承担的违约责任，其主要承担形式是支付违约金或赔偿损失等。如前文所述，建设工程价款优先受偿权作为一种担保物权，其担保的债权范围应当是因发包人违约所造成的全部损失，理论上可以包括主债权及其利息、违约金、赔偿金及实现债权的费用，但违约金、赔偿金及实现债权的费用并不属于直接的工程价款本身，可能更具有一般债权的性质。由于建设工程的特殊性及其合同履行的复杂性，如果违约金、赔偿金等全部作为优先债权处理，可能会存在对发包人的不公平。而且从违约金的性质看，违约金一般具有补偿性和惩罚性，在建设工程承包合同中，发包方违约应支付的违约金就是对承包方的损失的补偿，或对发包方的一种惩罚，也可能是两者兼而有之。因此，《批复》第3条明确规定“不包括承包人因发包人违约所造成的损失”，已将违约金、赔偿金等违约责任款项排除在优先受偿的范围之外。

【实务中应注意的问题】

建设工程合同履行是一项极为复杂的管理活动，施工过程中经常出现各种变更，需要对原合同的约定进行不断的调整和补充，现场签证、索赔是调整合同范围、内容、价款的主要形式。对因发包人未能严格履行合同义务给承包人造成的损失，在一些工程项目的实践中也会选择通过现场签证或承包人提出索赔、发包人予以确认的方式进行处理。根据我国现行工程计价规范和绝大部分的合同约定，已通过现场签证、索赔等形式纳入工程阶段性结算或竣工结算价款范围内的价款，应当属于工程价款的组成部分。而如果是在纠纷处理阶段（如诉讼、仲裁程序中），承包人提出要求发包人承担违约金、赔偿金等主张的，根据《合同法》的规定，属于违约责任的承担，相应的费用不属于工程价款，而是《批复》第3条中的“承包人因发包人违约所造成的损失”，应属一般债权，因此不应列入建设工程价款优先受偿权的范围。

【典型案例2.14】

## 宁波世纪防护设备厂与舟山安舟置业公司建设工程分包合同案[1]

浙江省舟山市定海区人民法院一审认为，根据法律相关规定，建设工程价款优先受偿权由建设工程合同的承包人享有，原、被告之间订立的建设工程合同，原告宁波市世纪防护设备厂作为该人防建设工程承包人，理应享有建设工程价款优先受偿权。但根据法律规定，建设工程价款不包括承包人因发包人违约所造成的损失，故对原告就此所提的该节诉请中的建设工程价款优先受偿权，法院予以支持，但对

[1] (2015) 舟定临民初字第164号。

逾期付款违约金优先受偿权，于法无据，法院不予支持。

**【典型案例 2.15】**

### 常州二建建设公司与中天凤凰电器城置业公司建设工程施工合同案[1]

一审判决中认为，根据规定，承包人的优先受偿权范围限于建设工程合同约定的价款，包括承包人应当支付的工作人员报酬、材料款、用于建设工程的垫资等实际支出的费用。发包人应当支付的违约金或者因为发包人违约所造成的损失不属于建设工程价款优先受偿范围。故本案原告工程价款优先受偿权的范围应确定为85，036，117.52元。

## 九、承包人的预期可得利润是否属于优先受偿权所担保债权的范围?

**【基本观点】**

《批复》第3条将承包人因发包人违约所造成的损失排除在工程价款优先受偿范围之外，那么，承包的预期可得利润是否属于优先受偿的范围？因《批复》没有明确说明，因此形成两种不同观点：一种观点认为，预期可得利润不属于承包人为工程而实际支出的，同时，预期利润是一种债权，工程价款优先受偿权是基于保护担保物权所设立的优先权，因预期利润存在的不确定性且不具有物权性，因此不属于优先受偿的范围。另一种观点认为，预期利润是建筑工程价款的组成部分，其主要理由是根据《建设工程施工发包与承包价格管理暂行规定》，建设工程价款包括成本（直接成本、间接成本）、利润（酬

[1] （2013）常民初字第88号。

金）和税金三部分，这三部分构成工程款的整体[1]，而且《批复》并未明确排除预期利润不能优先受偿。

笔者同意第一种观点。

**【观点解读】**

第一，预期可得利润不属于承包人为工程而“实际支出的费用”范畴。《批复》第3条对建筑工程价款所包括的费用范围明确界定为“承包人为建设工程应当支付的工作人员报酬、材料款等实际支出的费用”。《合同法》创设建设工程价款优先受偿权的主要立法目的在于保护承包人因承建工程而物化至建设工程之中的实际支出费用，虽然预期利润是承包人承揽工程所要达到的效益目的，但不是工作物价值的体现。同时，承包人的预期利润作为商业利润的一种，与发包人的其他债权人的利润在性质上并无区别，如果赋予预期利润以优先受偿权，对发包人的其他债权人明显不公[2]。因此，承包人的预期利润不属于建设工程优先权所涵盖的工程款债权范围。

第二，预期可得利润是“承包人因发包人违约所造成的损失”。预期可得利润的法律依据是《合同法》第113条：“当事人一方不履行合同义务或者履行合同义务不符合约定，给对方造成损失的，损失赔偿额应当相当于因违约所造成的损失，包括合同履行后可以获得的利益，但不得超过违反合同一方订立合同时预见到或者应当预见到的因违反合同可能造成的损失。”如前文所述，笔者认为，《批复》第3条中规定的“承包人因发包人违约所造成的损失”应当作狭义理解，是指因发包人违反建设工程合同中的违约责任条款和《合同法》第七章（违约责任）规定而应向承包人承担的违约责任，其主要承担形式是支付违约金或赔偿损失等。根据法条的规定，损失赔偿额应当相当

---

〔1〕参见王林清等：《建设工程合同纠纷裁判思路》，法律出版社2014年版，第275页。

〔2〕参见雷运龙、黄锋：《建设工程优先权若干问题辨析》，载《法律适用》2005年第10期。

于因违约所造成的损失，包括合同履行后可以获得的利益，也就是预期可得利润。由此可见，预期可得利润显然属于“因违约所造成的损失”，亦属于《合同法》规定的违约责任的范畴，根据《批复》的规定，不属于优先受偿的范围。

第三，预期可得利润不属于工程结算价款范畴，而是因发包人违约而形成的不确定之债。笔者认为，“预期可得利润”与“利润”属于不同的两个概念，前者属于预期收益，不属于建设工程价款的一部分，不应作扩大解释。由于承包人在签订合同前是依据其自身管理水平和社会平均劳动生产率确定的投标报价，根据计价规范，该报价中应当包含成本、利润和规费等内容。不管承包人在实际履行合同后是否有盈利，盈利多少，从计价方法上来说合同结算价中已经包含了理论上的预期利润。但是否能够真正获取这个利润，是存在不确定性的，有赖于承包人的自身管理水平和其他各种复杂因素，只有当合同履行完成，双方完成合同价款结算并收回全部债权，这种预期的收益才会真正转化可以计量的利润。

第四，预期利润不具有物权性，且存在不确定性。从权利的性质来讲，预期利润是一种债权，工程价款优先受偿权是基于保护担保物权所设立的优先权，因预期利润存在的不确定性且不具有物权性，因此不属于优先受偿的范围。《最高人民法院关于当前形势下审理民商事合同纠纷案件若干问题的指导意见》（法发〔2009〕40 号）第 11 条规定：“人民法院认定可得利益损失时应当合理分配举证责任。违约方一般应当承担非违约方没有采取合理减损措施而导致损失扩大、非违约方因违约而获得利益以及非违约方亦有过失的举证责任；非违约方应当承担其遭受的可得利益损失总额、必要的交易成本的举证责任。对于可以预见的损失，既可以由非违约方举证，也可以由人民法院根据具体情况予以裁量。”在建设工程合同价款纠纷中，由于承包人的实际成本较难以准确测算，尤其是工程量清单计价模式下，由于没有法定的利润率，承包人客观上较难对其遭受的可得利益损失总额、必要的交易成本等作出详细、准确的举证。即使在定额计价模式下所设定工程利润率，也仅是按照通常社会生产力水平下的一种计算方式，并不代表承包人一定具备获取此种利润的能力。司法审判实践中，法院或仲裁机构通常依据合同约定的计量计价方法或定额计价方法确定合同结算价格，是一个包含了成本、利润和规费的合同总价，至于其中有多少是成本、多少是利润，抑或是亏损，并无法准确计量。因此，从实践的角度来讲，也不宜将预期可得利润纳入优先受偿范围。

**【实务中应注意的问题】**

在处理合同解除、“烂尾楼”等未完工程价款纠纷时，应当注意区分已完工程量中包含的利润与未完工程的预期可得利润，前者属于工程价款的范畴，可以纳入优先受偿范围，后者是因一方违约所造成的损失，应作为一般债权处理。具体处理方法上，通常可以有两种：第一种方法是比例测算法，即首先测算出承包人在正常履行合同情况下可以获得的全部预期利润，然后按照已完成工程量占全部工程量的比例，测算出已完工程量对应的利润，将全部预期利润扣除实际已产生利润后，即得出尚未施工部分的预期可得利润。第二种方法是分项精算法，考虑到一项工程中的不同分部分项工程可能存在盈亏不均衡的情况，比例测算法难以真实反映已完工程的实际利润情况，需要在司法鉴定过程中，对工程中的每一个清单子目，按照定额及市场价格进行详细测算，对比每一个清单子目的投标价（合同价）与市场价之间的盈亏关系，分别算出已完工程的实际利润和未完工程的预期可得利润。当然，如果施工过程中，发承包双方已经对已完工程进行了阶段性结算，或者发包人、发包人委托的造价咨询机构、监理人等对已完工程量已经作出确认的，在这种情况下，已完工程的利润实际上已经包含在对应的工程价款中，只需要测算出未完工程的预期可得利润即可。

【典型案例 2.16】

## 浙江衢盛建设公司与亨吉得食品公司建设工程施工合同案[1]

浙江省衢州市衢江区人民法院认为：根据法律规定，发包人未按照约定支付工程价款的，经承包人催讨发包人逾期未支付的，除按照建设工程的性质不宜折价、拍卖的以外，承包人可以与发包人协议将该工程折价，也可以申请人民法院将该工程依法拍卖。建设工程的价款就该工程折价或者拍卖的价款优先受偿。故原告要求确认对坐落于衢江区后溪镇开发区厂房二、三工程及整个食品公司室外配套工程拍卖、折价款项在被告所欠工程款范围内享有优先受偿权，符合法律规定，法院应予以支持。但由于本案工程在尚未施工完毕的情况下合同予以解除，尚未履行的部分不再履行；另外预期可得利益应遵守可预见规则，本案中原告主张的未完工工程预期可得利益，实为受鉴定项目未完工部分的利润，该利润并不是具有可预见性，工程施工本身是否能够盈利受多种因素影响，整个工程完工后有可能盈利也有可能亏损，存在不确定性，故原告要求被告赔偿其预期可得利益 73，837 元的诉讼请求，法院不予支持。

---

〔1〕（2013）衢廿民初字第 10 号。

# 第三章

# 建设工程优先受偿权之权利对象

◇ 董连和*

## 一、建设工程优先受偿权的对象是否包括工程所涉建设用地使用权价款?

**【基本观点】**

工程价款优先受偿权的行使不能及于所建工程的土地使用权价款。

**【观点解读】**

主流观点认为，承包人不能就工程所涉土地使用权价值主张工程价款优先权，理论依据是优先权的目的在于保护承包人附加在建设工程的价值部分，即承包人对于建设工程的添附和劳动价值，而对建设工程所依附的建设用地使用权并无增值贡献，[1] 因此其对建设用地使用权不享有优先受偿权；政策依据则有《浙江省高级人民法院执行局执行中处理建设工程价款优先受偿权有关问题的解答》(浙高法执〔2012〕2 号) 第 4 点规定:“建设工程承包人对工程占用范围内的土地使用权

---

* 董连和，深圳仲裁委员会副主任。

〔1〕 参见余水生:《建设工程全程法律解读和风控防控》，法律出版社 2015 年版，第 461 页。

的拍卖价款是否享有优先受偿权？建设工程承包人只能在其承建工程拍卖价款的范围内行使优先受偿权，对该工程占用范围内的土地使用权的拍卖价款不能主张优先受偿。实际操作中可对建设工程和土地使用权分开进行价值评估，确定各自在总价值中的比例，然后一并拍卖，拍卖成交后再确定建设工程承包人可以优先受偿的金额。”《安徽省高级人民法院关于审理建设工程施工合同纠纷案件适用法律问题的指导意见（二）》第22条规定：“承包人仅对建设工程占用的土地使用权主张优先受偿权的，不予支持。”

从实践的角度出发，我们还需要先明白以下三个问题：第一，按照《最高人民法院关于建设工程价款优先受偿权问题的批复》，优先权是不能对抗商品房买受人的。因此实现优先权的前提是工程没有被全部预售。第二，通常建筑物本身的价值已经足够支付承包人的工程款。因此，本问题的讨论只有在工程被部分预售的情况下才对承包人有意义，下文中的典型案例即是如此。第三，无论是采取折价还是拍卖的方式实现优先权，承包人或者竞买人都必须取得工程所涉建设用地使用权，方可将工程建设继续下去，发挥其作为不动产的经济效益。立法者认为主张优先权须在工程通过竣工验收，结算报告已出，证明承包人完成其义务之后，[1] 此时只有取得了建设用地使用权，新的业主才能实现工程的出售、抵押等。而如果是针对进度款实现优先权，那么新业主也必须与土地行政主管部门变更建设用地使用权出让合同，进而向规划行政主管部门申请变更建设用地规划许可证和建设工程规划许可证，为工程领取新的“出生文件”。就此，优先权实现过程中的土地使用权转移是确定的，只不过建设工程价款优先受偿权只能在

---

〔1〕参见胡康生：《中华人民共和国合同法释义》，法律出版社2009年版，第438页；金俭：《房地产法研究》，科学出版社2004年版，第285页。

建筑物的价值范围内行使。[1] 在对优先权对象的建设工程房估价时，可以将建筑本体价值和土地价值进行切割，即按照建设安装成本折旧后得出建筑本体价值，再用比较法（市场法）得出整个不动产价值，减去建筑本体价值后得出土地价值。

不过，也有人认为，对建设工程价款优先受偿权的任何理解都应当回到《合同法》的立法本意，该项制度的设立主要是为了解决拖欠工程款问题，保证承包人的利益，[2] 进而保证承包人雇用工人的利益，缓解由此带来的社会矛盾。从这一目的出发，无论是采取折价还是司法拍卖方式，工程价款越高，对承包人保障越有利，将工程所涉土地使用权价款纳入工程价款符合这一立法目的。

**【实务中应注意的问题】**

1. 房地产交易中的"地随房走，房随地走"原则是为了保证房屋及其土地使用权归属于同一权利人，避免出现权利冲突。但并不代表实践中不可以将房屋价值和土地使用权价值分开估价和处置。工程价款优先受偿权在于保护承包人的劳动投入，只能及于建设工程本身，不能涉及土地使用权。

2. 在审理建设工程价款优先受偿权的案件时，审判员和仲裁员在裁判文书中应列明，建设工程价款优先受偿权仅及于建设工程价款，不及于所建工程的土地使用权价款，在建设工程交易价款中应扣除所建工程的土地使用权价款，避免在执行时再产生争议。

---

〔1〕 参见林文学：《建设工程合同纠纷司法实务研究》，法律出版社 2014 年版，第 179 页。

〔2〕 参见胡康生：《中华人民共和国合同法释义》，法律出版社 2009 年版，第 439 页。

**【典型案例 3.1】**

## 甲建筑公司诉乙房地产开发公司拖欠建设工程价款纠纷案[1]

**基本案情**：原、被告双方于2007年5月1日签订《建设工程施工合同》，由原告施工被告开发的某小区房地产项目A区C座。建设工程于2008年8月1日通过竣工验收。截至当年10月1日，被告尚欠原告工程款2800万元。原告起诉要求就其开发的建筑物行使优先受偿权，一审法院根据原告申请对涉案建筑物进行了财产保全。另据法院查明，涉案建筑物的一部分已经出售给众多购房人办理了银行贷款手续，出售部分的房产已经交付给购房人，但尚未办理房屋产权变更登记，众多购房人的产权证也未办理。涉案建筑物尚有48套房屋未出售。再者，被告将涉案建筑物所属的建设用地使用权抵押给第三人丙银行借款。丙银行已经在审理过程中申请对涉案建筑物进行了查封。

**裁判主旨**：一审法院判决被告支付工程欠款，并支持了原告对尚未出售的48套房屋的优先受偿权。判决后丙银行提出上诉，提出原告的优先权仅及于扣除建设用地使用权价值的工程部分，请求改判原告在涉案保全建筑物扣除土地价值部分享有优先受偿权。二审法院认为，《合同法》第286条规定的优先权客体“工程”不包括土地价值部分，一审认定的原告对建筑的优先权也应该指匀出了土地价值部分的“工程”，只是表述的用语不明确而已，因此变更为原告对某小区房地产项目A区C座未出售部分的工程的拍卖价款有优先受偿权。

---

〔1〕 参见奚晓明主编：《民事审判指导与参考》（2010年第4集，总第44集），法律出版社2011年版，第203页。

## 二、所建工程不是施工合同发包人所有的工程，建设工程价款优先受偿权的处理问题

**【基本观点】**

承包人可以就不是发包人所有的工程主张建设工程价款优先受偿权。

**【观点解读】**

按照合同法的相对性原理，在建筑物所有权人并非发包方的情况下，由于其与承包人之间没有直接合同关系，承包人不能向其主张工程款。但如果基于此也剥夺承包人对工程的优先权，则显然对承包人的保护是不利的，直接损害了承包人的利益。优先受偿权具有物权性质，始终存在于工程之上，[1] 因而无论工程的所有权发生怎样的变化，承包人均可对所建工程主张优先受偿权，除非出现《最高人民法院关于建设工程价款优先受偿权问题的批复》第（一）点的情况。

下述典型案例中，虽然法院以涉案工程属于教育基础设施，不宜折价或拍卖为由未支持富汇公司的优先权主张，但从整个案件来看，还是认为承包人可以就所有权不属于发包人的工程主张优先权。

**【实务中应注意的问题】**

1. 实践中因为土地使用权人，也即工程的业主因为某种原因让其相关联单位作为发包人发包建设工程的现象时有存在，这种行为并不违法。

2. 根据合同相对性原理，承包人只能向发包人主张工程款。但就工程价款优先权来说，其对物不对人，只针对施工合同项下的工程，

---

〔1〕 参见潘福仁主编：《建设工程合同纠纷》，法律出版社2013年版，第71页。

而不论工程的所有人为谁。

3. 为更好地实现工程价款优先受偿权，承包人宜将发包人和工程所有权人列为共同被告。

**【典型案例 3.2】**

## 富汇公司与肖县教育局、美音学校建设工程施工合同纠纷案〔1〕

**基本案情：**富汇公司是具有房屋建筑工程施工一级资质的建设施工企业。美音学校 2001 年 6 月由市民政局准予登记成立。双方分别于 2001 年 11 月 29 日、2002 年 1 月 15 日、2002 年 2 月 20 日签订《施工承包补充协议》、《施工承包补充合同》、《美音民办实验学校建筑安装工程施工承包合同》。据法院查明，2002 年 1 月 11 日，肖县教育局以建设单位的名义就讼争工程进行了邀请招标。2002 年 2 月 6 日，富汇公司收到中标通知书。系争建设工程所在的地块系肖县教育局名下划拨取得的教育用地，2004 年 2 月 24 日肖县教育局回复法院调查令时称美音学校为公建配套学校，产权人为某区教育局。

富汇公司认为，美音公司欠其工程款未付，美音学校系私人开班学校，本身不具有足够的偿还能力，而肖县教育局是美音学校的主管单位，也是学校校舍的产权人，实际享有了其施工成果，因此教育局应当承担共同付款责任。要求判断两被告支付工程款，返还工程履约保证金，原告对欠付工程款部分享有优先受偿权。

**裁判主旨：**法院认为，根据法律规定，发包人逾期不支付价款的，除按照建设工程的性质不宜折价、拍卖的以外，承包人可以申请人民法院将该工程依法拍卖。建设工程的价款就该工程折价或拍卖的价款优先受偿。系争建设工程系建造的通过划拨方式取得的教育用地之上

〔1〕 参见潘福仁主编：《建设工程合同纠纷》，法律出版社 2013 年版，第 119～127 页。

的学校校舍，属于公建配套学校，应认定为上述法律规定中的但书部分，不宜进行折价或拍卖，故富汇公司的主张难以支持。

关于肖县教育局是否承担付款责任的问题。法院认为涉案工程施工合同虽然形式上为富汇公司与美音学校签订，工程施工过程中也由美音学校支付了部分工程款项，作为工程施工合同的签约方，美音学校应当承担涉案工程项下工程款支付责任。但系争工程是以肖县教育局作为建设单位向有关建设主管部门进行的立项批复以及备案等手续，并由其作为建设单位进行招投标工作，肖县教育局与富汇公司虽没有形式上的合同权利义务关系，但就系争工程施工合同标的物的实际权利分配来看，肖县教育局享有系争工程的所有权，美音学校享有系争工程的使用权和收益权。肖县教育局与美音学校就系争工程施工合同的利益是一致的，也是不可分割的。因此，肖县教育局应视为施工合同的隐名发包人而与美音民办学校共同成为施工合同的一方当事人享有权利并承担相应的义务。富汇公司主张肖县教育局承担付款责任，符合公平的民事法律原则，可予支持。

## 三、承包人可否就不属于自己完成的其他部分工程主张工程价款优先受偿权?

**【基本观点】**

承包人可以就不属于自己完成的其他部分工程主张优先权。

**【观点解读】**

不属于承包人完成的其他部分工程，主要是指分包人或实际施工人完成的其他部分工程。从法理层面来说，根据合同相对性，分包人或实际施工人与建设工程所有人即发包人之间并无直接债权债务关系，因此不能直接向发包人主张权利，也不得主张工程价款的优先受偿权，故承包人可以就整个施工合同项下的工程主张优先权，也包括实际上不属于自己完成的其他部分工程。

当然，在实践中，如果分包人或实际施工人确实是部分或全部工程的实际施工者，完全否定其对工程价款的优先受偿权对其权利保护将极其不利。因此广东、浙江、安徽等省份的高级人民法院均认为，在承包人怠于行使建设工程优先受偿权时，分包人或实际施工人可行使代位权，就其承建的工程在发包人欠付工程款范围内主张建设工程价款优先受偿权。[1] 但也仅限于“承包人怠于行使优先权”的情况下，承包人仍然是对全部工程主张优先权的权利人。

**【实务中应注意的问题】**

1. 在处理优先权案件时，应当查清权利主张人的身份，如果是分包人或实际施工人，则不能直接向发包人主张工程价款优先受偿权，只能通过承包人向发包人主张工程价款优先受偿权。

2. 如果可以证明承包人不能或怠于行使优先权，损害了分包人或实际施工人的利益，则分包人或实际施工人可以向发包人主张优先权。

---

〔1〕《广东省高级人民法院关于在审判工作中如何适用〈合同法〉第286条的指导意见》（粤高法发〔2004〕2号）规定：“建设工程合同订立总承包合同后，再由总承包人订立分包合同的，在总承包合同、分包合同均有效的情形下，发包人拖欠工程款的，总承包人可以对工程折价或者拍卖价款主张优先受偿权。分包人对自己承建部分主张享有优先权的，人民法院不予支持。但如因总承包人怠于行使优先权损害分包人利益，分包人可依照《合同法》第七十三条的规定就其承包工程价款范围内向发包人主张权利。”《安徽省高级人民法院关于审理建设工程施工合同纠纷案件适用法律问题的指导意见（一）》规定：“分包人或实际施工人完成了合同约定的施工义务且工程质量合格的，在总包人或非法转包人怠于主张工程价款优先受偿权时，就其承建的工程在发包人欠付的工程款范围内主张工程价款优先受偿权，可予支持。”《浙江省高级人民法院民事审判第一庭关于审理建设工程施工合同纠纷案件若干疑难问题的解答》规定：“建设工程施工合同无效情形下，谁有权行使优先受偿权？建设工程施工合同无效，但工程经竣工验收合格，承包人可以主张工程价款优先受偿权。分包人或实际施工人完成了合同约定的施工义务且工程质量合格，在总承包人或转包人怠于行使工程价款优先受偿权时，就其承建的工程在发包人欠付工程价款范围内可以主张工程价款优先受偿权。”

【典型案例 3.3】

## 周正良诉陕西中拓力实业有限公司等建设工程价款优先受偿权纠纷案[1]

2011 年 10 月 26 日，周正良与中拓公司签订《水、电、暖安装工程内部承包协议书》，该协议未约定明确的竣工日期。2011 年 10 月 19 日周依照约定进场施工，施工中因中拓公司一直未支付材料款和劳务费而于 2012 年 6 月 30 日停工。

法院认为，周正良与中拓公司签订的《水、电、暖安装工程内部承包协议书》系双方当事人真实意思表示，且并未违反法律、行政法规的强制性规定，合法有效，应予保护，双方均应按照约定履行义务。合同签订后，周进场施工后因中拓公司未及时支付工程款而停工，中拓公司理应支付周已经完成工程量对应的工程价款。现周要求依法行使建设工程价款优先受偿权，根据《合同法》第 286 条的规定，只有总承包人享有建设工程价款有优先受偿权，分包人不能主张该优先权。因为建设工程价款优先受偿权的成立，须因合同之债而生，其权利义务的双方当事人为发包方与承包方，这也是建设工程承包人基于合同之债而对发包人所享有的一项法定权利。与发包人不存在建设工程合同关系的任何一方当事人，均无法享有基于合同之债而形成的优先受偿权。《建筑法》第 29 条第 2 款规定："建筑工程总承包单位按照总承包合同的约定对建设单位负责；分包单位按照分包合同对总承包单位负责。"可见，在建设单位（发包人）与总承包单位、总承包单位与分包单位之间存在两个独立的合同法律关系，发包人与分包单位之间并不存在基于合同关系而直接形成的权利义务关系，发包人也就不会对分包人形成迟延支付工程价款的违约行为。因此，建设工程的分

---

[1] 陕西省西安市雁塔区人民法院（2014）雁民初字第 01397 号民事判决书。

包人只能向总承包人主张合同之债，而不能就该债务对工程本身行使优先受偿权。在本案中，因周正良系建设工程分包人，故其并不享有建设工程价款优先受偿权。

## 四、质量不合格的工程，有关工程价款优先受偿权的处理

**【基本观点】**

质量不合格的工程，应当视建设工程施工合同的效力、工程是否通过工程竣工验收和发包人对工程使用情况而定。

**【观点解读】**

理解本问题的前提是对“质量不合格工程”进行界定，从建筑法律法规的角度来说，确定一项工程质量是否合格，关键在于其是否进行了竣工验收。

建筑工程竣工验收是“建设单位收到施工单位的建筑工程竣工验收申请报告后，根据建筑工程质量管理法律制度和建筑工程竣工验收技术规范标准，以及建设合同（包括勘察设计合同、建筑承包合同、建设监理合同等）的约定，组织设计、施工、工程监理等有关单位对建筑工程查验接受的行为。”需要强调的是，建设主管部门不组织和参与建筑工程的竣工验收工作，只是委托建筑工程质量监督机构（事业单位）对整个建筑工程的质量以及竣工验收过程实行监督，并向建设行政主管部门提交建筑工程质量监督报告。与建筑工程竣工验收相关的概念是“建筑工程竣工验收备案”，是指“建设单位自工程竣工验收合格后，在法定期限内依法向建筑工程所在地的县级以上地方人民政府建设行政主管部门提交建筑工程的竣工验收材料，建设行政主管部门验证文件齐全后，予以收讫，备份在案，以供查考的行为。”

以上验收及其备案的主要法律依据是《房屋建筑和市政基础设施

工程竣工验收规定》（建质〔2013〕171号）和《房屋建筑和市政基础设施工程竣工验收备案管理办法》（住房和城乡建设部令第2号）。从竣工验收与竣工验收备案的行为本身来看，建筑工程竣工验收是建设单位依法自主组织验收的行为，是基于建设关系而在建设合同主体之间发生的履行合同义务，实现合同权利的民事行为，这种行为的法律效力仅涉及于建设合同的各方主体，不能及于建设合同之外的第三人。而竣工验收备案是建设单位申请备案行为和建设行政主管部门予以同意备案的行为，具有双重行为的性质，其中同意备案行为是建设行政主管部门依法在自己的职权范围内行政权力的具体表现，属于行政行为。但是，建设行政主管部门在接受了备案申请材料后，只是就这些材料做形式上的审查，而不做实质审查。[1] 如果发生了建筑工程不合格，也不是竣工验收备案所能调整的，备案实质上是建设行政主管部门对建设单位所为的一种事实——建设单位验收合格行为在观念上的一种认知和判断，是建筑工程竣工验收合格过程中必经的法律程序。而实际上对建筑工程质量的监督管理，不是在备案时完成的，而是在建筑工程的规划设计、施工、监理过程之中，由建设行政主管部门通过建设用地规划许可、建设工程规划许可、施工许可来实现的，同时也是由建设监理单位和建筑工程质量监督机构对建设工程质量全过程实行具体监督来完成的。[2]

是否未经过竣工验收的工程都应视为质量不合格呢？根据《最高人民法院关于审理建设工程施工合同纠纷案件适用法律问题的解释》，首先，建设工程施工合同无效，但建设工程经竣工验收合格，承包人请求参照合同约定支付工程价款的应予支持；其次，建设工程施工合同无效，且建设工程经竣工验收不合格的，如果修复后的建设工程经

〔1〕 参见陈新平：《浅谈“房屋建筑工程竣工验收备案制度”》，载《建筑安全》2007年第6期。
〔2〕 参见王鉴非：《建筑工程竣工验收备案的法律性质》，载《建筑》2007年第2期。

竣工验收合格，发包人请求承包人承担修复费用的，应予支持。如果修复后的建设工程经竣工验收不合格，承包人请求支付工程价款的不予支持。可见，最高人民法院是以竣工验收为标志认定承包人的支出工程款请求的，鉴于优先权是实现工程款的方式，因此在确认优先权时也应当尊重最高人民法院的意见。在“冯永康诉溧阳市金马磁材有限公司公司建设工程价款优先受偿权纠纷案”中，[1] 法院就认为施工合同无效，竣工验收合格，承包人不能主张优先权，笔者认为这一判断值得商榷。而在“贺达华诉怀化市金隆房地产开发有限公司建设工程价款优先受偿权纠纷案”[2] 中，法院就认为，虽然涉案施工合同因为施工人无施工资质而无效，但工程已经竣工验收和结算，原告作为实际施工人及实质意义上的承包人，法律法规并未禁止在施工合同无效的条件下，实际施工人不得就其施工的合格工程主张优先受偿权，最高人民法院司法解释的目的系为保障农民工的工资，维护社会和谐稳定，而合同法设立建设工程优先受偿权的功能即保障工程款的实现。

另外，实践中出现的大量情形是施工合同有效，但因发包人的原因无法进行竣工验收，笔者认为在这种情况下应当认定承包人的优先权，毕竟对发生争议的建设工程来说竣工验收是可以继续办理的，工程未竣工验收不代表其没有价值。从建设工程价款优先权的角度来说，尽量发挥工程的价值，保障承包人的工程款是其主要目的。承包人通过折价取得建筑工程，或者拍卖取得建筑工程的竞买人均有权组织竣工验收，因此此种情形下未进行竣工验收不妨碍承包人主张优先权。从司法实践来看，许多建设工程施工合同解除、终止，或工程实际停工的工程，承包人都取得了优先受偿权。比如在“成都建设集团优先

---

〔1〕 江苏省溧阳市人民法院（2014）溧民初字第131号民事判决书。

〔2〕 湖南省怀化市洪江人民法院（2015）怀洪民一初字第59号民事判决书。

公司诉金华市唯一不锈钢带有限公司建设工程价款优先受偿权案”[1]、“天津工建建筑工程有限公司诉天津市鹏业钢材厂建设工程款优先受偿权案”[2] 中，因发包人资金困难，施工合同分别被终止或解除，在“兰州市椒江金日水电安装有限公司与台州市鸿业贸易有限公司建设工程价款优先受偿权案”[3]、“浙江××有限公司与项某某建设工程价款优先受偿权案”[4]、“尚仕清等诉宁国市福友汽车零部件有限公司建设工程价款优先受偿权纠纷案”[5]、“南通一建公司诉均英光电公司建设工程价款优先受偿权纠纷案”[6]、“望奎县第二建筑工程有限公司诉内蒙古宁城恒业房地产开发有限公司、王秀娟、于海滨建设工程价款优先受偿权纠纷案”[7] 中，涉案安装工程均未完工和竣工，但法院也未因此否定承包人的优先权主张。

**【实务中应注意的问题】**

1. 判断承包人是否可以主张优先权的前提是承包人可以主张工程价款，在施工合同有效的情况下应当根据《合同法》和最高人法院司法解释、批复的一般规定判断。如果施工合同被认定无效，则应视是否通过竣工验收而定，如未通过竣工验收则工程质量不合格，承包人不能主张工程款进而不能主张优先权。

2. 如果建设合同有效，因发包人的原因工程处于停工或无法竣工验收状态，则不能因此认为工程质量不合格，否认承包人的工程款及其优先权主张。

---

[1] 浙江省金华市中级人民法院（2014）浙金民终字第634号民事判决书。

[2] 天津市第一中级人民法院（2014）一中民四终字第260号民事判决书。

[3] 浙江省台州市中级人民法院（2013）浙台民终字第117号民事判决书。

[4] 浙江省绍兴市宏碁人民法院（2012）浙绍民终字第443号民事判决书。

[5] 安徽省宣城市中级人民法院（2015）宣中民二终字第00089号民事判决书。

[6] 江苏省高级人民法院（2014）苏民终字第0289号民事判决书。

[7] 黑龙江省绥化市中级人民法院（2014）绥中法民一民初字第40号民事判决书。

【典型案例 3.4】

## 南通一建公司诉均英光电公司建设工程价款优先受偿权纠纷案[1]

2010 年 6 月，南通一建与均英光电签订建设工程施工合同，合同约定由南通一建承建均英光电 1#生产厂房（一期工程），工期从 2010 年 6 月 28 日至 2011 年 1 月 28 日，总造价 2006 万元。2012 年 5 月 4 日，双方就 1#生产厂房签订工程竣工交接单，主要内容为：南通一建高邮项目部已完成了均英光电 1#厂房图纸设计内容和合约中的一切项目；1#厂房于 2011 年 6 月 25 日竣工验收合格；均英光电于 2011 年 6 月 25 日接收投产使用。

2011 年 6 月，双方又签订建设工程施工合同，约定由南通一建承建均英光电的 2#、3#生产厂房、办公楼、生产车间及门卫土建工程（二期工程），总造价 4398 万元，工期从 2011 年 6 月 5 日至 2012 年 6 月 5 日。该工程目前尚未通过竣工验收。

2012 年 9 月 18 日，南通一建公司与均英光电公司签订付款协议书，主要内容为：双方一期（2006 万元）与二期已完成部分（工程款 360 万元 + 材料款 280 万元）工程款合计 2646 万元，均英光电已支付 1885.8 万元，剩余 760.2 万元未付。均英光电于 2012 年 10 月 31 日支付两期工程款及材料款 400 万元，余款 360.2 万元在 2012 年 12 月 31 日前付清。南通一建必须无条件在年底前提供所付款项的发票。如有一方违约，则赔偿对方各项损失 20 万元。均英光电保留 30.16 万元工程款作为保证金，如南通一建 2012 年年底前履行工程维修义务，均英光电则按时支付，反之待均英光电验收改善后支付。该协议签订后，均英光电公司没有向南通一建公司支付工程价款。

---

[1] 江苏省高级人民法院（2014）苏民终字第 0289 号民事判决书。

江苏省高级人民法院认为：由于实践中工程竣工之日往往也是工程款应当结清之时，因此，承包人主张工程款优先受偿权一般应从建设工程竣工之日或者建设工程合同约定的竣工之日起计算，但如果工程款债权在建设工程竣工之日或者建设工程合同约定的竣工之日尚未届清偿期，建设工程价款优先受偿权的起算点最早应当从债权应受清偿时起算，即在发包人未按约定支付价款，承包人在合理期限内催告后，发包人仍未支付的，从此时起算建设工程优先受偿权的行使期间。本案中，双方于2012年9月18日签订了付款协议，对一、二期工程款进行了最终结算，约定工程款于2012年12月31日前付清。因此，南通一建公司的建设工程价款优先受偿权的行使期限最早应从债权未受清偿时开始计算，即从2013年1月1日起算，到起诉时（即2013年5月23日）并未超过6个月法定期限。南通一建的优先权请求成立。

**【典型案例3.5】**

## 望奎县第二建筑工程有限公司诉内蒙古宁城恒业房地产开发有限公司、王秀娟、于海滨建设工程价款优先受偿权纠纷案[1]

2010年7月16日，于功以被告内蒙古宁城恒业房地产开发有限公司的名义与原告望奎县第二建筑工程有限公司签订建设工程施工合同一份，于功将其在望奎县开发的中俄双龙木业商服办公楼项目工程承包给原告望奎县第二建筑工程有限公司，该工程于2010年8月12日公开招标，原告为中标人，于功以被告内蒙古宁城恒业房地产开发有限公司的名义向原告送达了中标通知书，中标通知书记载，中标价格为10，963，655.11元，其中安全生产措施费为192，516.73元，工期为2010年8月15日至12月30日。2010年年末该工程主体完工，

〔1〕 黑龙江省绥化市中级人民法院（2014）绥中法民一民初字第40号民事判决书。

于功支付工程款140万元，并返还20万元保证金。由于于功未按约定履行给付工程款的义务，严重影响了工期，致使该工程在2010年12月30日前没有交付。2011年7月20日，于功与原告补签了一份建筑工程补充合同，于功同意原告向债权人张立友借款300万元，用于工程后期建设，并同意按月利5%支付利息，使用期限为三个月，利息为45万元。约定该工程完工后，结算工程款及300万元垫付款的利息，于功一次性给付原告。为此，原告、于功与债权人张立友三方签订了协议。2011年12月13日，于功以被告内蒙古宁城恒业房地产开发有限公司的名义给原告下发整改通知书一份，原告收到整改通知书后，履行了整改义务，但于功没有对工程进行最后验收。原告向于功索要工程款，于功分三次给付原告工程款120万元。后原告向绥化市中级人民法院提起诉讼，要求被告内蒙古宁城恒业房地产开发有限公司给付工程款，经绥化中院调解，下发了（2012）绥中法民立调字第1号民事调解书，该调解书确认：（1）被告内蒙古宁城恒业房地产开发有限公司对尚欠原告望奎县第二建筑工程有限公司工程款7，067，652.00元予以确认；（2）被告于2012年3月28日给付原告工程款2，000，000元；（3）被告于工程验收合格后一个月内向原告支付剩余工程款5，067，652.00元。该调解书生效后，于功给付原告工程款132万元，尚欠5，747，652.00元工程款，该部分工程款在绥化市中级人民法院处于执行阶段。

法院认为，原告对于功开发的中俄双龙木业商服办公楼是否具有优先受偿权及优先受偿权的数额是否应为6，197，652.00元（其中包括利息45万元）的问题。在开庭审理中，被告王秀娟对欠付工程款的数额为5，747，652.00元没有异议。因双方对工程价款的给付问题已经法院调解书确认为5，747，652.00元，该调解书已经发生法律效力并进入执行程序，但被告并没有按照调解书约定的时间给付工程款。根据有关法律规定，行使优先受偿权应当在合同有效及在工程验收后六个月内行使，除斥期间为六个月。该工程现没有验收，但责任并不在于原告，双方签订的建设工程施工合同虽然无效，但原告建设该工程时，实际投入的工程款及材料款已经物化到于功开发的工程中，于功建设开发的该工程中价值包含了原告实际投入的工程款及材料款。因此，原告请求对于功开发的中俄双龙木业商服办公楼进行折价或者拍卖后对所欠工程价款优先受偿的主张，应当予以支持。

## 五、违法建筑工程，有关工程价款优先受偿权的处理

**【基本观点】**

承包人不能对违法建筑工程主张工程价款优先受偿权。

**【观点解读】**

违法建筑指“建造人违反国家法律、行政法规关于建筑行为的相关规定所建造的各种建筑物及其附属设施”。[1] 台湾民法学者王泽鉴教授认为，违法建筑可以分为“程序违建”和“实质违建”，前者指建筑物本身并未违反土地规划和城乡规划，只是建造人没有依法办理审批手续，如未取得建设用地规划许可、建设工程规划许可等；后者指违反土地、城乡规划管理制度，或侵害公共利益，如公路法、铁路法、民用航空法、文物保护法、水法、防洪法、防震减灾法、港口法等法律和行政法规中关于建筑的强制性规范。[2]

承包人不能取得主张违法建筑工程价款优先受偿权，对于“程序违法”的违法建筑来说，由于缺少相应的土地使用权法律文件和规划许可，其不属于可以被折价、拍卖处理的工程，如下面的典型案例，

---

〔1〕 魏秀玲、孙帅：《城中村改造中违法建筑的认定及处理》，载《政法学刊》2011 年第 2 期。

〔2〕 参见张开泽：《违法建筑的法律界定》，载《学术探索》2004 年第 11 期。

即是发包人未能取得建设工程的全部建设用地规划许可[1]和建设工程规划许可[2]，表明其部分工程用地违法，部分工程施工违法，因此法院仅认定承包人对取得规划许可的工程享有优先权；对于“实质违法”的建筑，由于其违反了法律强制性规范，妨碍了公共利益，建筑本体随时会因为受到行政主管部门的行政处罚，被要求自行拆除或行政强制拆除，从而丧失优先权的主张对象。

**【实务中应注意的问题】**

1. 在审查建设工程施工合同或审理工程价款优先受偿权案件时，应当确认工程已经取得开工前必需的相关土地、城乡规划文件，可以依法开工建设。

2. 对于违法建筑工程，不能赋予承包人工程价款优先受偿权，否则会给司法、执法带来风险。

**【典型案例 3.6】**

## 华恒建设集团有限公司诉宁波市北仑蓝天造船有限公司建设工程价款优先受偿权纠纷案[3]

2006 年 5 月 30 日，被告取得编号为（2006）浙规（地）证 0204114 号《建设用地规划许可证》，核准用地面积为 314，118.9 平方米。2007 年 3 月 26 日，原、被告就涉案工程签订《建筑工程承包合同》，约定被告将厂房基础及地坪、厂房内所有下水道与沟、场地

---

〔1〕《城市规划基本术语标准》将“建设用地规划许可证”（land use permit）定义为“经城市规划行政主管部门依法确认其建设项目位置和用地范围的法律凭证”。可见，该项行政许可的重点在于授予行政相对人在具体地块进行一定规模建设的权利和义务。

〔2〕《城市规划基本术语标准》将“建设工程规划许可证”（building permit）定义为“城市规划行政主管部门依法核发的有关建设工程的法律凭证”。可见，该项行政许可是授予行政相对人按照具体的工程规划设计进行建设的权利和义务。

〔3〕浙江省宁波市中级人民法院（2015）浙甬民二终字第 539 号民事判决书。

内所有管沟、厂区内所有地坪、道路与堆场、海塘挡土样等工程发包给原告施工，工程造价暂定为1.3亿元。合同签订后，原告按约进行施工，后于2009年9月左右完工，但被告一直未组织验收。2010年4月2日，原、被告签订《竣工验收协议书》，约定2010年4月2日为涉案未通过竣工验收的工程的正式交付使用日期，质量保修期自该日起为1年。同年4月6日，原、被告签订《工程结算协议》，确定原告施工的工程结算价款为13，484万元，被告已经支付10，270万元，尚欠原告3214万元。同日，被告向原告出具《承诺书》同意原告在被告未全部归还工程款之前对承建的全部工程项目享受留置权和优先权，并有权处置所建的全部工程项目。

被告就涉案工程仅取得了建设用地规划许可证，至法庭辩论终结前尚未领取建设工程规划许可证。原告施工的道路场地稳定层、400T/600T龙门吊及沿山水沟、动力沟及电缆沟、雨污水管道等项目均建设在建设用地红线范围内，且经该院向相关行政主管机关核实无须申领建设工程规划许可证；施工的室外道路及场地也无须申领建设工程规划许可证，但有37，578平方米位于建设用地红线范围之外。结算单上记载的“工程量签证单汇总”系建设用地红线范围之内新增的地坪、电缆沟等工程项目。上述位于建设用地红线范围之内的工程项目总造价为55，198，093元，包含利润1，613，715元。原告诉至原审法院，请求确认原告就其为被告施工的涉案工程折价或者拍卖的价款在建设工程价款3214万元范围内享有优先受偿权。

法院认为，原告施工的部分工程项目虽位于建设用地红线范围之内，但至法庭辩论终结前仍未取得建设工程规划许可证，故原告要求就该部分工程的工程价款享有优先权的请求于法无据。另，原告施工的部分工程项目位于建设用地红线范围之外，原告就该部分工程的工程价款享有优先权的请求亦于法无据。

# 第四章

# 建设工程优先受偿权之行使期限及方式（一）

◇ 常宏磊* 岳建明*

## 一、对最高人民法院《批复》第4条中“自建设工程竣工之日或者建设工程合同约定的竣工之日”的理解

在对建设工程价款优先受偿权行使期限起算点问题探讨之前，我们先谈谈对《最高人民法院关于建设工程价款优先受偿权问题的批复》（法释〔2002〕16号，以下简称《批复》）第4条中“自建设工程竣工之日或者建设工程合同约定的竣工之日”的理解，因为这是对建设工程优先受偿权的行使期限进行探讨的前提。

### （一）对《批复》第4条规定的建设工程实际竣工日期的理解

要确认工程实际竣工日期，首先须对工程完工日期、工程竣工日期、工程竣工验收日期、工程竣工验收合格日期的区别与联系予以澄清、分析。工程完工日期实际是指施工单位已经按施工图纸完成了施

---

* 常宏磊，石家庄仲裁委员会副秘书长。

* 岳建明，河北建设集团股份有限公司法律事务部部长。

工任务的日期；而竣工日期与竣工验收日期、竣工验收合格日期是按照法律及相关条例、规范做出的定义。本司法解释所说的建设工程竣工日期，笔者认为是指建设工程竣工验收合格日期，而实践中工程竣工日期是指施工方提出工程竣工报告之日；工程竣工验收日期是指发包方发起组织验收的日期；工程竣工验收合格日期是指发包方提出工程竣工验收报告的日期。

厘清上述概念后，我们再对工程实际竣工日期进行探讨，不同情况，实践对工程实际竣工日期的认定也不一样：

第一，建设工程经竣工验收合格的，以竣工验收合格之日作为竣工日期。

第二，实践中，发包人因各种原因迟迟不能组织验收的，以承包人提交竣工报告之日为竣工日期，而不是以后来验收合格之日为竣工日期。

工程进行竣工检查和验收，是建设单位的权利和义务。建设工程完工后，承包单位应当按照国家竣工验收的有关规定，向建设单位提供完整的竣工资料和竣工报告，请建设单位组织竣工验收。建设单位收到竣工报告后，应及时组织有设计、施工、工程监理单位参加的竣工验收，检查整个建设项目是否已按设计要求和合同约定全部建设完成。工程竣工后的验收，是对承包人履行义务是否符合合同约定进行的检验，也是承包人请求支付工程款的前提条件。如果建设单位为了自己的利益恶意阻止条件成就的，应当视为条件已成就。也就是说，承包人已经提交竣工报告，而发包人为了达到拖欠工程款等其他目的，故意拖延验收，那么本来应以验收合格之日为实际竣工日期，但是为了保护承包人的合法权益，制裁发包人恶意阻止条件成就的行为，以承包人提交报告之日为竣工日期比较合理，这样也是为了强化发包人的及时验收意识。

第三，在建设工程未经竣工验收的情况下，发包人擅自使用的，以建设工程转移占有之日为竣工日期。

在实践中，经常出现发包人出于自己的需要，基于种种原因在工程没有经过验收之前就急于使用已经竣工的工程，发包人实际接收后，意味着承包人已完成其合同义务，从而开始享有请求支付工程价款的权利，同时也意味着，工程的一切意外风险由发包人承担。一般而言，标的物的风险转移以交付为要件。所谓的交付，一般来说转移占有就视为交付。

应当注意的问题是：建设工程的正常交付，除建筑物本身外，承包方应同时交付完整的工程技术资料，包括竣工图、材料设备的使用说明和零部件或备件，并符合国家有关工程竣工交付的其他条件。如果工程交付时承包人未交付法定相关图纸、资料而发包人未使用工程的，视为未交付；发包人已使用的，承包人承担延期交付工程技术资料的违约责任。

### （二）对《批复》第4条中建设工程约定竣工日期理解

《批复》第4条中建设工程约定竣工日期主要是针对尚未竣工的工程，也就是我们俗称的烂尾楼工程。工程未实际竣工出现“烂尾楼”，往往都是由于发包人不按时支付工程款所致，所以如果机械的以合同约定的竣工日期作为建设工程价款优先受偿权的行使期限的起算点，往往对承包人是不利的。因为如果发包人断断续续违约不支付工程进度款致使承包人停工，当最后工程全面停工时，如果自合同约定的竣工日期为起点计算承包人建设工程价款的优先受偿权，至承包人主张建设工程价款的优先受偿权时，可能早已超过六个月。因此，最高人民法院关于建设工程价款优先受偿权的《批复》所规定的“建设工程合同约定的竣工之日”虽然容易确定，但往往不利于保护承包人的合法权益。因此，“烂尾楼”工程的工程价款优先受偿权何时起算对于承包人合法权益的维护至关重要。

## 二、建设工程价款优先受偿权行使期限的性质和行使方式问题

### （一）建设工程价款优先受偿权的行使期限性质上为除斥期间，不能从约定

在明确了建设工程优先受偿权的行使期限起算点为实际竣工日期与约定竣工日期问题后，建设工程价款优先受偿权行使期限及方式是否可以约定呢？因为优先受偿权的行使期限是除斥期间，不发生中断、中止、延长的情形，故双方不能约定变更，更不能附条件行使。即建设工程价款优先受偿权的行使期限不能从约定。

### （二）建设工程价款优先受偿权的行使方式可由当事人通过意思自治的方式从中进行选择，但建设工程价款优先受偿权的数额、范围等实体问题只能通过诉讼或仲裁方式确认

对于建设工程价款优先受偿权的行使方式，《合同法》第286条规定："发包人逾期不支付的，除按照建设工程的性质不宜折价、拍卖的以外，承包人可以与发包人协议将该工程折价，也可以申请人民法院将该工程依法拍卖。建设工程的价款就该工程折价或者拍卖的价款优先受偿。"但相关法律及司法解释并未明文规定承包人应以何种方式行使优先受偿权，承包人是必须通过诉讼或仲裁的方式行使优先受偿权，还是承包人在规定的期限内向发包人发出催款函也可以认定为其行使了优先受偿权？如果工程已经依法处于拍卖程序，承包人要求对拍卖款参与分配是否可视为其行使优先受偿权？

依据《合同法》第286条的规定，结合司法实践，笔者认为主要有以下四种方式行使优先受偿权：

1. 承包人与发包人协商将建设工程折价并达成协议

2. 承包人通过诉讼或仲裁的方式确认其对该建设工程变卖或拍卖价款享有优先受偿权

这种方式是实践中承包人主张优先受偿权最主要的方式。当出现工程款拖欠现象时，承包人多是在直接提起债权请求权之诉的同时，确认其对该建筑工程的变卖或拍卖价款享有优先受偿权。法院再根据确认享有优先受偿权的生效法律文书进入执行阶段，对适宜拍卖的建设工程进行拍卖，承包人就拍卖款享有优先受偿权。可供执行的生效文书主要分为两种：一是通过诉讼方式作出的调解书、判决书；二是通过仲裁方式作出的调解书、裁决书。

通过这种方式实现时要注意，承包人在诉讼或仲裁请求中要明确提出对工程价款享有优先受偿权，否则仅要求偿还拖欠工程款则不视为主张建设工程价款优先受偿权。

3. 承包人直接申请法院将该建设工程依法拍卖并就拍卖价款优先受偿〔1〕

按照《合同法》第286条的规定，如果发包人拒付建设工程价款，承包人可以直接申请法院将其建造的工程依法拍卖来实现其债权。也就是承包人不需要经过诉讼或仲裁程序，直接主张进入拍卖程序。但应当注意的是，承包人直接向法院提出申请执行其建设工程价款优先受偿权的前提是双方当事人对于承包人享有建设工程优先受偿权及工程欠款数额均无异议。如果法院在受理该申请后，发包人或其他债权人若提出异议，法院就应该终止执行程序，驳回承包人的申请。承包人可另行通过诉讼或仲裁裁判，然后再申请法院拍卖该工程来实现其优先受偿权。

需要说明的是，一般情况下，承包人须通过诉讼或仲裁的方式确

---

〔1〕 参见王林清等：《建设工程合同纠纷裁判思路》，法律出版社2014年版，第277~278页。

认其对该建设工程变卖或拍卖价款享有优先受偿权。但是，立法者又允许承包人直接申请法院将该建设工程拍卖就拍卖价款优先受偿的用意是，在尊重双方当事人意思自治的前提下，尽可能地确保承包人最简便快捷地实现建设工程款的债权，但也需要注意保护其他债权人的合法权益。

4. 承包人通过参与到建设工程变卖款或拍卖款等分配程序中以实现优先受偿权

综上，笔者认为，因建设工程价款优先受偿权的行使期限为除斥期间，不能对此进行约定或附条件。通常实践中建设工程优先受偿权的行使的方式有上述四种，笔者认为当事人可以通过意思自治的方式从中进行选择，但建设工程价款优先受偿权数额、范围等实体问题只能通过诉讼或仲裁方式确认。因为无论是承包人与发包人协商也好，还是承包人在执行阶段参与进来也好，都不能确认承包人所有享有的建设工程价款优先受偿权的数额、范围，只能通过法院或仲裁的实质审理才能确认，否则会有损抵押权人等其他债权人的利益。

## 三、承包人在法定期限内主张建设工程价款优先受偿权后与诉讼时效如何衔接的问题

根据《杭州市中级人民法院民一庭关于审理建设工程及房屋相关纠纷案件若干实务问题的解答》，其中明确回答：“六个月的期限，仅是规定应由承包人向发包人催告支付工程价款，至于是否选择折价、拍卖等形式受偿的，并不在该期限内。但应当明确，从承包人催告主张了建设工程价款的优先受偿权后，就意味着其知道自身可

以行使优先受偿权，所以也应当从这一时间点计算该项权利的诉讼时效，即为两年，若两年内还不起诉的，则应丧失该优先受偿的胜诉权。”也就是说，该6个月的限制，是法律以除斥期间的方式督促承包人及时向发包人主张自己的权利，随后启动诉讼时效的计算期间，但笔者认为催告主张仅限于工程实际竣工的情况下，建设工程价款优先受偿权价款的数额、范围最终仍需法院或仲裁机构的实体确认。“法律不保护权利上的睡眠者”，工程价款优先受偿权对于承包人而言，虽是一种权利，但也不可能永远存在。而对于该权利能否实现、或者采用什么方式实现，则并不属于该六个月的期间内必须完成的事。

所以，笔者认为，当承包人在法定期限内主张了建设工程价款优先受偿权，那么从这时间点开始，便开始计算诉讼时效，如承包人不主张，将丧失优先受偿的胜诉权。

## 四、建设工程优先受偿权的行使期限和行使方式的立法建议[1]

### （一）建设工程价款优先受偿权的行使期限起算点的立法建议

1. 建设工程价款优先受偿权的行使期限起算点争议[2]

实践中，建设工程价款优先受偿权的行使期限起算点通常有以下四种：

（1）自建设工程竣工之日或合同约定的竣工之日起计算

有些法院严格按照《批复》第4条的规定，承包人行使优先受偿

---

〔1〕参见陆俊年：《建设工程价款优先受偿权期限问题研究》，重庆大学2014年硕士学位论文。

〔2〕参见王敏、周吉高：《“烂尾楼”工程价款优先受偿权起算时间辨析》，载《建筑》2012年第24期。

权，若建设工程实际竣工的，自竣工之日起计算；建设工程未竣工的，自合同约定的竣工之日起计算。所以，承包人主张优先受偿权，必须在工程实际竣工之日起或合同约定的竣工之日起6个月内行使，否则将丧失优先受偿权。

某市第一中级法院曾受理过一起案件，承包人与发包人因拖欠工程款产生纠纷，并引发停工，合同约定的竣工日期为2005年5月31日，工程实际未竣工，后承包人于2006年1月20日以追加诉讼请求形式向法院提出了优先受偿权请求。法院认为承包人主张日期与约定的竣工日期间已超过了规定的6个月期限，未支持承包人的请求。

（2）自建设工程合同解除或合同终止之日起计算

有些法院在法律未明确规定的情况下，类推适用，若建设工程未实际竣工的，建设工程合同解除的或合同终止的，自合同解除之日或合同终止之日起计算。

《深圳市中级人民法院关于建设工程合同若干问题的指导意见》第29条明确规定："在工程竣工验收合格前，建设工程合同被解除的，承包人对已完成工程享有建设工程价款优先受偿权，承包人行使优先权的期限为六个月，自建设工程合同解除之日起计算。"

江苏省高级法院曾再审过一起案件，承包人承建发包人厂房，合同约定竣工日期为2007年9月18日，约定的竣工日期期满后承包人仍在继续施工。2008年8月30日，双方达成协议，终止施工合同，并明确了工程款的结算方式和支付方式。2009年5月31日，承包人向法院起诉，请求确认对其承建厂房享有建设工程价款的优先受偿权，诉讼时工程未实际完工。法院认为双方于2008年8月30日已明确终止合同履行，此时承包人应及时主张优先受偿权，承包人于2009年5月31日起诉已超过行使优先受偿权的法定期间。

（3）自停工之日起计算

若建设工程未实际竣工，且停工日期晚于合同约定的竣工日期的，自停工之日起计算。

《浙江省高级人民法院执行局执行中处理建设工程价款优先受偿权有关问题的解答》第 1 条明确规定：“发生建设工程施工合同纠纷时工程已实际竣工的，工程实际竣工之日为六个月的起算点；发生建设工程施工合同纠纷时工程未实际竣工的，约定的竣工之日为六个月的起算点；约定的竣工日期早于实际停工日期的，实际停工之日为六个月的起算点。权利人未在上述期限内行使优先权的，建设工程价款优先受偿权丧失。”

（4）法律未明确规定的，放宽适用

在合同约定的竣工日期不明，工程也未实际竣工的情况下，适用《合同法》第 286 条规定时，按照有利于承包人的原则，尽量保护承包人的优先受偿权。

2. 笔者观点

笔者认为，承包人建设工程价款的优先受偿权的行使期限起算点应该区别不同情形，对于建设工程已结算的，承包人建设工程价款优先受偿权的行使期限起算点为建设工程价款应给付之日；对于建设工程因发包人原因未结算的，承包人建设工程价款优先受偿权行使期限的起算点为工程最终实际竣工之日，期限在 6 个月内主张即可。

工程竣工验收合格是发包人与承包人进行建设工程价款结算的前提，所以如果承包人提供的建设工程质量不合格，发包人也不会与承包人进行工程结算。但即使是这样，工程竣工验收合格日期与工程结算日期，工程结算日期与应付工程款日期也不是同步的，因为工程竣工验收合格后，承包人要向发包人提交结算报告，结算报告经发包人审核通过后（实践中发包人对承包人结算报告的审核期为 6 个月，这其中还不包括发包人故意拖延结算的情况），双方才签订结算协议，最后才会涉及工程价款的何时给付问题。而工程结算后，发包人通常又往往会以种种理由推脱暂不支付承包方工程款，尤其是在经济不景气，发包人资金链紧张的时期。由于存在上述时间差及受发包人自身及外界经济环境影响，便会出现如果以工程实际竣工日作为建设工程价款优先受偿权的行使期限的起算点，届时至承包人起诉时，可能早已超过6个月优先受偿期，承包人的建设工程价款优先受偿权早已丧失的结果。所以，对于建设工程已结算的，以建设工程价款应给付之日作为建设工程价款优先受偿权的行使期限的起算点，更符合实践，也更有利于保护承包人的合法权益。

对于建设工程由于发包人原因未结算的，笔者认为，承包人建设工程价款优先受偿权行使期限的起算点为工程最终实际竣工之日，在6个月期限内主张即可。建设工程未结算，主要存在两种情况：一为承包人所建工程质量不合格，发包人不与其结算，即是由于承包人原因导致工程未实际竣工；二为承包人所建工程质量无任何质量问题，工程也尚未实际竣工，但发包人以种种理由推脱拒绝结算。针对第一种情况，由于承包人所建工程质量不合格，发包人理应不与其结算并支付工程款，即承包人主张建设工程价款优先受偿权的条件尚不具备，因此，在此种情况下探讨承包人建设工程价款优先受偿权的行使期限起算点没有任何必要；针对第二种情况，如果以工程合同约定的竣工之日来起算建设工程价款优先受偿权的行使期限，这样做虽然操作起来会方便很多，但是承包人很可能因此而失去了建设工程价款的优先受偿权。因为在承包人所完成的工程无任何质量问题的情况下，如发包人主观上不想与承包人结算，就会以种种理由推脱，最常见的就是发包人不按照约定如期的履行支付建设工程的进度款的义务，从而致使承包人停了又建建了又停，等承包人最后全面停工时，建设工程合同约定的竣工日期可能早就已经超过了6个月的具体期限。因此若以建设工程合同约定的竣工日期来起算工程价款优先受偿权的行使期限的话，那么承包人的工程价款优先权很可能在其起诉以前就早已没有了。此种情况下，建设工程价款优先受偿权期限的起算点安排显得尤为重要。因此，笔者认为，对于建设工程由于发包人原因未结算的，承包人建设工程价款优先受偿权行使期限的起算点为工程最终实际竣工之日。

### （二）建设工程价款优先受偿权的行使期限的立法建议

笔者认为，法律规定的承包人行使建设工程价款优先受偿权的行使期限应改为一年。

除斥期间从我国现有的法律规定上来看，作为不变期间，它不可以中止、中断或延长。但在建设工程实践当中，常常由于发包人或者承包人的原因，致使建设工程不能竣工，出现我们俗称的“烂尾楼”工程。如果由于承包人的原因导致建设工程不能竣工，因工程尚未实际竣工，承包人请求发包人支付工程款的条件尚不具备，也就无权主张建设工程价款的优先受偿权；如果由于发包人的原因导致建设工程不能如期竣工，实践中大部分是由于发包人以种种理由拒不支付工程款或拖拖拉拉支付工程款，此时如果以合同约定的竣工日期作为建设工程价款优先受偿权的行使期限的起算点，再加上除斥期间不能中止、中断或延长，最终就有可能致使建设工程承包人起诉时已经错过了行使实体权利（即建设工程价款优先受偿权）的6个月的期限，导致此项权利形同虚设。故6个月的行使期限实在太短，建议改为一年较为适宜，这样更有利于保护承包人的合法权益。

### （三）建设工程价款优先受偿权的行使方式的立法建议

如何完善建设工程价款优先受偿权的行使方式？笔者认为，除前述四种建设工程价款优先受偿权的行使方式外，还应建立优先权登记制度，另外将书面催告作为承包人行使建设工程价款优先受偿权的行使方式之一。

1. 建立优先权登记制度

通过建立优先权登记制度，承包人可以以笔者前述建议的建设工程价款优先受偿权的行使期限结算的自建设工程价款应付之日或未结算的自工程最终实际竣工之日为其起算日，进而及时向相应产权登记部门进行登记，请求相应产权登记部门及时确认公示自己的建设工程价款优先受偿权，以此来防止发包人对建设工程价款进行任意的处置，从而明晰承发包双方当事人的债权债务的关系。如果发包人不按照规定的时间支付工程的价款，承包人就可以根据已经经过登记了的建设工程价款优先受偿权的日期在规定的期限内向发包人来进行主张自己的权利。相比建设工程价款优先受偿权的其他方式，更简便容易操作，能够及时维护自身的合法权益。

2. 将承包人的书面催告作为承包人建设工程价款优先受偿权的行使方式之一

法律不保护躺在权利上睡觉的人，当承包人对发包人进行催告时，说明工程已经结算或工程虽未结算，工程未能结算也是由于发包人故意拖延所致，即承包人书面催告时发包人理应支付工程款。因此，从这个角度来讲，将承包人的书面催告作为承包人建设工程价款优先受偿权的行使方式之一，更有利于保护承包人的合法权益，同时也与笔者前述的建设工程价款优先受偿权的行使期限结算的自建设工程价款应付之日或未结算的自工程最终实际竣工之日为起算日观点相得益彰。

# 第五章

# 建设工程优先受偿权之行使期限及方式（二）[*]

◇ 丁建勇[**]　张　然[***]　刘文鹏[****]

## 第一节　优先受偿权行使期限

### 一、关于建设工程价款优先受偿权行使期限的性质

《最高人民法院关于建设工程价款优先受偿权问题的批复》（法释〔2002〕16号，以下简称《批复》）第4条规定："建设工程承包人行使优先权的期限为六个月，自建设工程竣工之日或建设工程合同约定的竣工之日起计算。"我们倾向认为，规定优先受偿权的行使期限，是促使承包人及时行使权利，维护社会经济秩序的必要举措，积极意义显而易见。

---

* 需说明的是，优先受偿权权利性质系优先受偿权制度的基础性议题，与本文联系甚密；对此问题，本文采用之前研究报告主张的"优先权说"，并以此为基石展开本文论述。

** 丁建勇，北京仲裁委员会/北京国际仲裁中心业务一处处长。

*** 张然，新兴际华集团有限公司法律事务部副总经理。

**** 刘文鹏，北京仲裁委员会/北京国际仲裁中心办案秘书。

**【基本观点】**

关于该期限的性质，《批复》中未作明确，理论及实践中不乏争议。有观点认为该期限的性质为特殊诉讼时效，应当沿用有关诉讼时效的规定，准予中止、中断和延长；有观点则认为该期限的性质为除斥期间，该期限一旦经过权利即为消灭。[1] 在司法实践中，法院对此问题也存在分歧。如在“重庆建工××建筑工程有限责任公司诉被告重庆××电子技术有限公司建设工程价款优先受偿权纠纷案”[2] 中，法院将该“六个月”界定为诉讼时效期间；而在“绍兴华绿园林建设有限公司与黄山外航教育投资发展有限公司建设工程价款优先受偿权纠纷案”[3] 及“抚州市临川房屋建筑工程公司与杭州高沙实业有限公司建设工程价款优先受偿权纠纷案”[4] 中，法院则明确指出，该“六个月”为除斥期间。

**【观点解读】**

因有学者主张优先受偿权的性质属于法定抵押权[5]，而我国《物权法》侧重从抵押权从属性方面规定了“抵押权须随同主债权一起适用诉讼时效”[6]，故将优先受偿权行使期限界定为诉讼时效，并

---

〔1〕参见陈柏新：《〈合同法〉第286条司法适用疑难问题探讨》，载《法治论丛》2011年第2期。

〔2〕参见重庆市第五中级人民法院（2011）渝五中法民初字第248号民事判决书。

〔3〕参见安徽省黄山市屯溪区人民法院（2014）屯民一初字第00633号民事判决书。

〔4〕参见浙江省杭州市淳安县人民法院（2014）杭淳汾民初字第253号民事判决书。

〔5〕参见梁慧星：《合同法第二百八十六条的权利性质及其适用》，载《山西大学学报（哲学社会科学版）》2001年第3期。

〔6〕《物权法》第202条规定：“抵押权人应当在主债权诉讼时效期间行使抵押权；未行使的，人民法院不予保护。”

非毫无道理。但多数学者认为，该期限应为除斥期间〔1〕，主要理由如下：其一，在民法理论层面，诉讼时效系针对请求权而言，而承包人优先受偿权是对债务人财产直接行使变价求偿权的权利，该权利具有排除债务人及其他人干涉、直接支配权利客体等特点，具有支配权色彩。其二，在法律规定层面，优先受偿权的生效及存续无须登记，此与一般不动产抵押权制度差异较大，该权利因不具有公示形式，其行使对其他权利人影响甚大，故不宜允许该期限中止、中断或延长。

我们认为，优先受偿权行使期限应为除斥期间，理由如下：

首先，就基础理论而言，时效之起算点，自权利人得行使权利之时起算；除斥期间之起算，除法律另有规定，自权利发生之时。〔2〕换言之，诉讼时效从权利人知道或应到知道权利被侵害之日起计算，而除斥期间则从权利成立时起计算。优先受偿权因法律规定而生，其在法定的“建设工程竣工之日或建设工程合同约定的竣工之日”之前尚未成立，该权利于期限起算之时并无“被侵害”可能，故而，该权利期限与诉讼时效理念并不契合。

其次，就司法实践而言，最高人民法院于2008年2月29日向广东省高级人民法院所作《关于工程款优先受偿权适用法律的复函》（〔2007〕执他字第11号）中明确“建设工程承包人行使优先受偿权的期限为六个月，且为不变期间，不存在中止、中断、延长的情形”；浙江省高级人民法院执行局于2012年1月10日下发的《执行中处理建设工程价款优先受偿权有关问题的解答》（浙高法执〔2012〕2号）

〔1〕如马永龙、李燕：《建筑工程款优先受偿权法律适用问题探析——从担保法的视角出发》，载《现代法学》2003年第6期；王建东：《评〈合同法〉第286条》，载《中国法学》2003年第2期；侯进荣：《建设工程价款优先受偿权制度的司法适用》，载《人民司法》2005年第4期；丁林阳：《施工合同解除后，未完工承包人主张工程价款优先受偿权起算点的确定》，载《人民司法》2012年第18期。

〔2〕参见史尚宽：《民法总论》，中国政法大学出版社2000年版，第626页。

中规定："权利人未在上述期限内行使优先受偿权的，建设工程价款优先受偿权丧失。"而"不变期间"、"权利逾期即消灭"等乃是除斥期间区别于诉讼时效的重要特征。

最后，就制度体系而言，《合同法》第286条规定的"建设工程优先受偿权"与《中华人民共和国海商法》（以下简称《海商法》）第二章第三节规定的"船舶优先受偿权"、《中华人民共和国民用航空法》（以下简称《民用航空法》）第三章第三节规定的"民用航空器优先受偿权"等共同构成了我国的特别优先受偿权制度。而根据《海商法》第29条的规定，船舶优先受偿权产生之日起满一年不行使即消灭，该一年期限不得中止或者中断；《民用航空法》第25条规定："民用航空器优先受偿权自援救或者保管维护工作终了之日起满三个月时终止"，由此可见，该两类优先受偿权的行使期限皆被界定为除斥期间。

## 二、关于建设工程优先受偿权行使期间的起算

### （一）关于承包人优先受偿权成立时间的学说

关于建设工程承包人优先受偿权的成立时间，理论界存在两种不同观点：一种观点为"债权未受清偿说"，持此观点的学者认为，承包人优先受偿权所担保的债权为基于建设工程合同而生的债权，此债权在建设工程合同订立之时虽已发生，但承包人之价款通常于工程交付或完成之时，始能请求给付。于此情形，如果发包人未按约支付价款，即承包人未受清偿时，才产生承包人的优先受偿权。[1]

---

〔1〕 参见谢在全：《民法物权论》（下册），中国政法大学出版社1999年版，第695页。

另一种观点为“合同成立说”，持该观点的认为，法律设立承包人优先受偿权的立法理由无非是为了保护承包人的利益，并进而保护人民住居的安全。因此，以建设工程合同成立时间为优先受偿权发生的时间，使其及早生效，则保护更周全，从而不至于在发包人不支付价款时，已由其他债权人先设定一般抵押权。[1] 需说明的是，“合同成立说”与我国台湾地区法制沿革密切相关，我国台湾地区“民法典”第513条规定了承包人的“法定抵押权”[2]。于2001年修改之前，该条文之适用面临一个重大难题，即该条文规定的“法定抵押权”与“意定抵押权”存在于同一不动产上，应以何者优先？因相关法律规定并未赋予该条项下的抵押权优先于同一不动产上其他抵押权之效力，故将建设工程合同成立时间作为优先受偿权发生时间，确可达保障建设工程承包人权益之效。

我们倾向认为，“债权未受清偿说”更为契合优先受偿权制度理念。着眼于《合同法》第286条，优先受偿权产生的前提条件是“发包人未按约定支付价款”；而在实践中，工程价款一般需在建设工程竣工后，由承包人提供竣工资料和竣工验收报告，发包人对工程组织验收合格并办理竣工结算后方能确定。确定工程价款之后，若发包人不依约支付，方才产生承包人优先受偿权。而合同成立之时，工程价款尚未确定，以其作为优先受偿权成立时间，未免有失偏颇。实际上，最高人民法院《批复》即采“债权未受清偿说”，至于相关规定是否与该理念相契合，后文将作详解。

---

〔1〕 参见郑玉波：《民法物权论文选辑》（下册），台北，五南图书出版公司1985年版，第688页。

〔2〕 该条于2001年有所修改，修改前之旧文规定：承揽之工作为建筑物或其他土地上之工作物，或为此等工作物之重大修缮者，承揽人就承揽关系所生债权，对于其工作所附定作人之不动产有抵押权。该条文的重大变动之一，便是确立了“承揽人抵押权取得之登记主义”。

### （二）关于优先受偿权行使期限起算点的规则

依据最高人民法院《批复》的规定，建设工程承包人行使优先受偿权的期限，自建设工程竣工或者建设工程约定的竣工之日起计算。该规定实际上是采“债权未受清偿说”，因竣工意味着工程项目完结，承包人实际费用支出于此时可作确定。在实务中，建设工程有竣工和未竣工两大类，二者在优先受偿权行使期限起算点问题上迥然相异，在此分而论之：

1. 建设工程竣工情形下起算点的认定

一般而言，建设工程竣工为常态，此情形下优先受偿权行使期限的起算点较易确定，即工程竣工之日，但需注意以下两点：

其一，若建设工程合同无效，但建设工程经竣工验收合格，承包人是否可依《合同法》第286条享有优先受偿权？根据最高人民法院《全国民事审判工作会议纪要（2015）》第53条的规定，有否定和支持两种意见。对于前者，如在“冯永康与溧阳市金马磁材有限公司建设工程价款优先受偿权纠纷案”〔1〕中，法院认为，施工合同因违反有关法律规定而无效，因此对于原告主张的优先受偿权不予支持。

较之否定观点，司法实践在此情形下更多持支持态度。根据《最高人民法院关于审理建设工程施工合同纠纷案件适用法律问题的解释》（法释〔2004〕14号，以下简称《司法解释》）第2条的规定，建设工程合同无效，但经竣工验收合格，承包人可以请求参照合同约定支付工程款。既然承包人有权请求工程款，在发包人不能清偿债务的情形下，肯定承包人的优先受偿权，便顺理成章。最高人民法院民事审判第一庭所编《民事审判指导与参考》即指出，即使建设工程施工合同被认定无效，只要工程款数额能够确定且不违反法律规定，承

〔1〕参见江苏省溧阳市人民法院（2014）溧民初字第131号民事判决书。

包人的优先权即受法律保护。[1] 故而，若建设工程合同无效，但建设工程经竣工验收合格，则承包人可以享有优先受偿权，行使期间自工程竣工之日起算。

其二，若约定的竣工日期与实际竣工日期不一致的情况下，应以何为准？有观点认为，在建设工程已竣工情形下，行使优先受偿权起算时间均以实际竣工之日为准，如《江苏省高级人民法院关于审理建设工程施工合同纠纷案件若干问题的意见》（以下简称《江苏高院意见》）第19条规定："建设工程已经竣工的，承包人的工程价款优先受偿权的行使期限自建设工程竣工之日起六个月；建设工程未竣工的，承包人的工程价款优先受偿权的行使期限自建设工程合同约定的竣工之日起六个月。"然而，有法院实践则以日期在后者为准，如《广东省高级人民法院关于在审判工作中如何适用〈合同法〉第286条的指导意见》（粤高法发〔2004〕2号）第10条规定"……建设工程竣工之日与建设工程承包合同约定的竣工之日不一致的，以日期在后的为准。"

此外，需注意的是，根据《司法解释》第14条的规定，竣工日期除了"竣工验收合格之日"外，还可能为"承包人提交验收报告之日"及"转移占有建设工程之日"。对于后两者认定实际竣工日期的情形，最高人民法院《全国民事审判工作会议纪要（2011）》（法办〔2011〕442号）第27条指出："当事人以《关于审理建设工程施工合同纠纷案件适用法律问题的解释》第十四条第（二）、（三）项规定的竣工日期作为承包人行使建设工程价款优先受偿权期间起算点的，不予支持。"换言之，在发包人"怠于验收"或"擅自使用"情形之下，"提交验收报告之日"及"转移占有工程之日"并非优先受偿权

---

〔1〕 参见奚晓明主编：《民事审判指导与参考》（2014年第4辑，总第60辑），人民法院出版社2015年版，第255页。

行使期间的起算点。

2. 建设工程未竣工情形下起算点的认定

（1）约定有竣工日期

在实践中，建设工程合同一般约定有竣工日期。在此情形之下，工程若未竣工，一般自建设工程合同约定的竣工之日起计算优先受偿权行使期间。如《江苏高院意见》第19条规定："……建设工程未竣工的，承包人的工程价款优先受偿权的行使期限自建设工程合同约定的竣工之日起六个月。"

工程未竣工常涉及合同解除，对此情形，一般以建设工程合同解除之日作为优先受偿权行使期间的起算点。如《广东省深圳市中级人民法院关于建设工程合同若干问题的指导意见》第29条及《江苏省盐城市中级人民法院关于审理建设工程施工合同纠纷案件若干问题的指导意见》第24条皆规定："在工程竣工验收合格前，建设工程合同解除的……承包人行使优先受偿权的期限为六个月，自建设工程合同解除之日起计算。"

需注意的是，若合同解除或终止履行（实际停工）时间已超过合同约定的竣工日期，应以何时作为优先受偿权行使期间的起算点？浙江省高级人民法院《执行局执行中处理建设工程价款优先受偿权有关问题的解答》第1条便规定，"约定的竣工日期早于实际停工日期的，实际停工之日为六个月的起算点"。如在"德州天龙建筑安装有限公司第三分公司与山东宏力集团有限公司破产管理人建设工程价款优先受偿权纠纷案"[1]中，法院认为，实际停工日晚于双方约定的工程竣工日，应以工程的实际停工日作为法定期限的起算日。

而最高人民法院《全国民事审判工作会议纪要（2011）》第26条亦指出，"由于发包人的原因，合同解除或者终止履行时已经超出合

[1] 参见山东省德州市中级人民法院（2013）德中民初字第151号民事判决书。

同约定的竣工日期的，承包人行使优先受偿权的期限自合同解除或终止履行之日起计算。”如在“武宁县新城建筑工程有限责任公司与江西雷邦科技有限公司建设工程施工合同纠纷申请再审案”[1] 中，最高人民法院即参照上述纪要第 26 条计算优先受偿权的起算点。

（2）没有约定竣工日期

对于工程既未竣工，又未约定竣工日期的情形，根据《批复》，无法计算优先受偿权的起算点。但依照据最高人民法院《全国民事审判工作会议纪要（2011）》第 26 条的规定，承包人行使优先受偿权的期限自合同解除或终止履行之日起计算。需说明的是，该会议纪要虽非司法解释，但人民法院于审判工作中可以参照适用。

### （三）关于行使期限起算点现行规则的反思

不难发现，我国各级法院对优先受偿权行使期限起算点的规定，是以《批复》确定的“实际竣工之日或约定竣工之日”为原则，并仅就难以依据《批复》作出认定的疑难情形予以了必要“突破”。如前所述，“债权未受清偿说”的核心理念在于“承包人未受清偿时，承包人的优先受偿权方才产生”，而“承包人未受清偿之时”与“建设工程实际竣工或约定竣工之日”是否可画等号？最高人民法院《批复》的相关规定是否与前述“债权未受清偿说”理念相契合？仍有商榷余地。

如学者所言，《批复》之所以如此规定，主要基于下述理由：其一，工程竣工之日或约定的竣工之日是一个确定日期，以此作为行使优先受偿权期限的起算点，不易甚至不会产生争议。其二，依照《合同法》第 286 条之规定，发包人未按照约定支付价款的，承包人只有首先催告发包人在合理期限内支付价款，如发包人逾期不支付的，承

---

[1] 参见最高人民法院（2015）民申字第 1815 号民事裁定书。

包人才可行使优先受偿权。因合同法对催告期未作规定，该期限是不确定的，如以优先受偿权的产生作为计算行使优先受偿权的期限，则很易产生争议。[1]

我们认为，将优先受偿权行使期限的起算点确定为实际或约定的工程竣工日，虽然在操作层面有减少争议的积极意义，但却难免面临理论和实务方面的诟病。实际上，对于《批复》的该项规定，已有不少学者提出微词。[2] 其理由主要如下：其一，在理论层面，依债法原理，债之履行期限尚未截至，则债权人无权请求债务人为给付。因建设工程优先受偿权的成立需以工程价款债权未获满足为前提，故在工程款请求权尚未确定之时，承包人行使债权请求权尚不可行，遑论优先受偿权之行使。其二，在实务层面，工程结算款的支付条件于工程竣工之时往往并未成就，承包人需编制工程结算文件，发包人对其进行审核。也就是说，工程款支付条件的具备至少需待发包人审核期限届满之后。而在实践中，结算过程往往少则数月，多则一年。经此过程，承包人能够主张优先受偿权的期间已然很少，甚至早已超过自竣工之日起的6个月。有学者便指出，能行使建设工程优先受偿权的时间实际上没有6个月，有时在可以行使权利时已经没有了机会。[3]

基于前述，我们认为《批复》关于优先受偿权行使期间的起算点的规定，将阻碍优先受偿权制度价值的实现，故建议将起算点认定为“工程价款债权未获清偿之时”。

---

〔1〕 参见王治平：《建设工程价款优先受偿权的若干问题》，载《人民司法》2002年第8期。

〔2〕 如王建东：《评〈合同法〉第286条》，载《中国法学》2003年第2期；戴曙：《民事执行程序中建设工程款优先受偿权问题》，载《法治论丛》2008年第1期；李开国：《民法基本问题研究：民法观念更新、制度完善及适用问题的若干思考》，法律出版社1997年版，第312页；马永龙、李燕：《建筑工程款优先受偿权法律适用问题探析——从担保法的视角出发》，载《现代法学》2003年第6期；侯进荣：《建设工程价款优先受偿权制度的司法适用》，载《人民司法》2005年第4期。

〔3〕 戴曙：《民事执行程序中建设工程款优先受偿权问题》，载《法治论丛》2008年第1期。

我们注意到，在江苏省高级人民法院（2015）参阅案例52号“南通一建公司诉均英光电公司建设工程价款优先受偿权纠纷案”中，建设工程价款优先受偿权的起算点被“突破性”认定，该案裁判要旨为：“《中华人民共和国合同法》第二百八十六条明确了承包人行使优先受偿权的前提条件是发包人未按约付款，即工程款债权已届清偿期未获清偿，且经催告后仍未清偿。因此，计算承包人优先受偿权行使的期限最早应当从债权清偿期届满而未获清偿时开始起算。如果工程款在建设工程竣工之日或当事人约定的竣工之日尚未届清偿期，则承包人的优先受偿权行使期限最早应从工程款债权清偿期届满开始起算，发包人主张从工程竣工之日或合同约定的竣工之日开始计算承包人的优先受偿权行使期限的，人民法院不予支持。”该裁判意见实质上是对《批复》关于优先受偿权行使期限起算点规定的突破，无疑极富创新性和正当性。

此外，在“武宁县新城建筑工程有限责任公司与江西雷邦科技有限公司建设工程施工合同纠纷申请再审案”[1]中，最高人民法院指出，再审申请人虽然提交《司法鉴定意见书》，以证明案涉工程属于在建工程，并未完工；但因双方已对案涉工程价款进行结算，再审申请人未在结算后六个月内行使优先受偿权，超过法定期限。由此可见，工程完工与否，与优先受偿权行使期限起算应无直接关系，价款经结算确定才应是优先受偿权行使的前提条件。

---

〔1〕参见最高人民法院（2015）民申字第1815号民事裁定书。

## 第二节 优先受偿权行使方式

### 一、关于"催告"，催告是否为必经阶段

依据《合同法》第286条之规定，在发包人未按照约定支付工程款的情况下，承包人可以催告发包人在合理期限内支付价款，若发包人逾期不支付，则承包人可采取协议折价或申请拍卖等方式就工程价款优先受偿。关于"催告"是否应为建设工程优先受偿权行使的必经阶段，学界有不同观点。

**【基本观点】**

梁慧星教授认为，承包人向发包人发出催告通知后经过一个合理期限，而发包人仍未支付是优先受偿权的行使条件。[1] 有学者亦指出，根据《合同法》第286条的规定，承包人应当催告发包人在合理期限内支付工程款，并在6个月内行使优先受偿权。[2] 此外，有学者则认为，鉴于《合同法》第286条只规定在发包人未按照约定支付工程款的情况下，承包人可以催告发包人在合理期限内支付价款，而非"应当"催告，即意味着也可以不催告；且为彻底保护承包人权益，应直接规定发包人未按约定支付工程款时，承包人即可行使优先受偿权。[3]

---

〔1〕 参见梁慧星：《合同法第二百八十六条的权利性质及其适用》，载《山西大学学报（哲学社会科学版）》2001年第3期。

〔2〕 参见侯进荣：《建设工程价款优先受偿权制度的司法适用》，载《人民司法》2005年第4期。

〔3〕 参见戴曙：《民事执行程序中建设工程款优先受偿权问题》，载《法治论丛》2008年第1期。

【观点解读】

诚然，建设工程优先受偿权因承包人工程款债权未获实现而生，其制度初衷在于保障承包人的正当权益，若不要求承包人须为催告，则对承包人更为有利。然而，因承包人受偿权优先于其他抵押权人或债权人，且无须登记，不具公示形式，若承包人于发包人债务履行期间届满之时便得径直就工程进行折价或申请拍卖，无疑将对其他权利人利益造成极大影响。规定催告程序，有助于避免抵押权人或其他权利人于发包人工程款给付期间届满时立即面临利益受损的风险。况且，因优先受偿权可随工程款债权转让[1]，保障债权受让人的优先受偿权，将不再意味着优先保障建筑工人的生存权，受让人债权于此情形下优先于一般债权的必要性有商榷余地，抵押权人或其他债权人的正当权益更应受到重视。

故而，我们认为，出于对其他抵押权人或债权人利益的必要保障，规定建设工程优先权行使的催告程序，确有必要。何况，《合同法》第286条规定了催告程序，司法解释或法律适用不应与此相悖。至于《合同法》第286条“可以催告”的规定，我们认为，“可以”系针对承包人“选择行使优先受偿权”而言，而非仅指向“催告”。就法条文义而言，不能得出“承包人可以不作催告”的理解，优先受偿权的行使应当包括催告阶段。毕竟，法律不能苛求权利人“必须”或“应当”行使权利，若承包人放弃建设工程价款优先权的行使，亦无不可。

---

〔1〕 如《江苏省高级人民法院关于审理建设工程施工合同纠纷案件若干问题的意见》第20条规定：“承包人将建设工程价款债权转让的，建设工程价款的优先受偿权随之转让。”

## 二、催告合理期间如何界定

如前所述，在《合同法》第286条之下，催告为建设工程优先受偿权的必经程序，待发包人逾期仍不支付的，承包人才可就建设工程协商折价或申请拍卖，并就折价或拍卖款优先受偿。催告期间的长短涉及发包人、承包人及其他相关债权人利益，期限过长可能有损承包人权益保障，期限过短则不利于保障发包人及其他债权人利益。催告期间如何才谓“合理”？对此问题，合同法并未规定，最高法所作《批复》也未提及。

**【基本观点】**

有学者认为，参考《担保法》第87条的规定，两个月应是一个相对合理的期限。[1] 梁慧星教授亦指出，1997年合同法征求意见稿按照法定抵押权的内容，规定催告的期限不得少于两个月。[2] 而有学者则认为，根据建设部1999年版《建设工程施工合同示范文本》及FIDIC文本的规定，“合理催告期”应该理解为28天为宜。[3]

**【观点解读】**

我们认为，对于“催告期间合理性”的界定，应充分考虑行业实践对于发包人给付工程价款时间节点的态度，如梁慧星教授所言：“至于合理期限究竟是多少天，应由法院按照建筑行业习惯及建筑工

〔1〕参见侯进荣：《建设工程价款优先受偿权制度的司法适用》，载《人民司法》2005年第4期。

〔2〕参见梁慧星：《合同法第二百八十六条的权利性质及其适用》，载《山西大学学报（哲学社会科学版）》2001年第3期。

〔3〕参见王建东：《评〈合同法〉第286条》，载《中国法学》2003年第2期。

程合同具体情形判断。”[1] 根据住房城乡建设部和工商总局联合印发的《建设工程施工合同（示范文本）》（GF－2013－0201）关于“最终结清”之条款[2]，发包人在工程价款履行期限届满之后，逾期支付超过56天的，需加倍支付违约金。换言之，逾期支付工程价款的期间超过56天，发包人需承担较重罚责。

故而，考虑到实务做法，并结合担保物权中留置权实现的“两个月”规则[3]，我们倾向认为，将“合理期间”界定为两个月，较为妥当。但需说明的是，催告合理期间的制度目的，一方面为必要保障其他债权人权益，另一方面系督促发包人支付工程款。若发包人于合理期间届满之前，明确表示拒绝支付工程款，则该期间应视为届满。如果仍限定承包人需于“两个月”合理期间之后方可请求折价或要求拍卖工程，催告制度则将沦为发包人逃避给付义务的“保护伞”、“合理期间”也将变得不合理。

## 三、催告期间是否需计入“六个月”

既然催告阶段是建设工程优先受偿权行使的必经阶段，而催告期间以两个月为宜。那么《批复》所规定的“六个月”是否包含催告的合理期限？

---

〔1〕 梁慧星：《合同法第二百八十六条的权利性质及其适用》，载《山西大学学报（哲学社会科学版）》2001年第3期。

〔2〕《建设工程施工合同（示范文本）》（GF－2013－0201）通用合同条款第14.4.2条：“……（2）除专用合同条款另有约定外，发包人应在颁发最终结清证书后7天内完成支付。发包人逾期支付的，按照中国人民银行发布的同期同类贷款基准利率支付违约金；逾期支付超过56天的，按照中国人民银行发布的同期同类贷款基准利率的两倍支付违约金。”

〔3〕《物权法》第236条规定：“留置权人与债务人应当约定留置财产后的债务履行期间；没有约定或者约定不明确的，留置权人应当给债务人两个月以上履行债务的期间……”

**【基本观点】**

依照《批复》之规定，承包人行使优先受偿权的期限自“工程竣工或约定竣工之日”起算，由于催告为必经程序，则催告期间应当包含于“六个月”中。因“工程价款债权未获清偿之时”往往晚于“工程竣工或约定竣工之日”，即使二者同步，催告期间最早也应自“工程竣工或约定竣工之日”起算。毕竟，债权未定，何来催告。在“抚州市临川房屋建筑工程公司与杭州高沙实业有限公司建设工程价款优先受偿权纠纷案”[1] 中，法院认为，在竣工之日起六个月内催告支付工程价款，并达成折价抵偿协议，应认定为优先受偿权之行使。换言之，催告行为应发生于该“六个月”内。

有学者则认为，六个月的优先受偿权行使期在性质上属于除斥期间，应排除承包人的合理催告期限，即承包人对合理催告期限享有别除权，此乃符合法律保护承包人优先受偿权之本意。[2]

**【观点解读】**

我们认为，出于保护承包人法定优先权的考虑，催告期间不宜计入“六个月”，主要理由如下：

首先，《合同法》第 286 条确立了承包人的优先受偿权，该规定并未对承包人行使该权利作出期限层面的限制，司法解释对之予以限制性规定，应在充分考虑“必要性”的基础上谨慎为之，否则将有失当之嫌。前已述及，催告期间以两个月为宜，若该“两个月”计入“六个月”中，则易生如下困境：承包人于“六个月”期限届满前两个月之时仅做债权催告，而尚未主张折价或拍卖工程，该行为是否构成优先权之行使？若构成，其与不以行使优先权为目的的债权主张（该行为不应视作优先权之行使，后文将作详述）如何区分？若不构

---

〔1〕 参见浙江省淳安县人民法院（2014）杭淳汾民初字第 253 号民事判决书。

〔2〕 参见侯进荣：《建设工程价款优先受偿权制度的司法适用》，载《人民司法》2005 年第 4 期。

成，则承包人行使优先受偿权的期间实际上会被进一步限制，对于承包人极为不利。由此可见，将催告期间计入“六个月”，承包人的优先受偿权将极大受限，甚至“名存实亡”。

其次，将催告的合理期间从“六个月”中予以剔除，于理论上并不存在难以逾越的障碍。前已述及，对于优先受偿权的产生，我们倾向认同“债权未受清偿说”，最高人民法院《批复》实际上亦采此说。此说系我国台湾地区学者首倡，继而影响我国大陆地区学理和法制发展。但在我国台湾地区法制之下，优先受偿权规则并不存在“催告”程序，“未受清偿”之时即发包人工程款给付期限届满之时。鉴于我国《合同法》第286条存在“催告”的规定，我们认为，应将优先受偿权的产生及行使分而论之，权利产生于“发包人未依约支付工程款之时”，而权利行使却需“发包人经合理催告仍未支付工程款”。

此外，我们注意到，《最高人民法院关于审理建设工程施工合同纠纷案件适用法律问题的解释（二）》（征求意见稿）第34条规定：“承包人行使优先受偿权的期限为一年，自承包人催告发包人给付工程款期间届满之日起计算。……”亦表明司法实践已注意到这一问题。

## 四、催告是否须为书面形式

催告的形式，关乎催告行为的效力，其不仅具有理论探讨价值，更会于实务中影响优先受偿权制度功能的发挥。我国《合同法》第286条未对催告的形式作出规定。

梁慧星教授认为，“催告通知应当采用书面形式”。[1] 另有学者亦

---

〔1〕 梁慧星：《合同法第二百八十六条的权利性质及其适用》，载《山西大学学报（哲学社会科学版）》2001年第3期。

采此观点[1]。

我们倾向认为，催告通知不必苛求书面形式，主要理由如下：

于理论层面，催告作为一种准法律行为，类推适用于关于法律行为的规定，而据《民法通则》第56条之规定，除法律另有规定之外，以书面形式之外的口头形式或其他形式为民事法律行为，亦无不可。而《合同法》第286条并未要求催告需采书面形式，故不应苛求承包人必须以书面形式进行催告。韩世远教授即认为，催告是指债权人向债务人请求履行债务的通知，既可以采用口头的方式，也可以采用书面的方式。[2]

于实务层面，口头催告简便易行，有其特殊意义；而书面形式虽易于举证，但催告的“方式”与催告的“证明”并不等同，不可因书面形式的“易证性”而否定口头形式的“正当性”。故而，出于保障承包人法定权益、迎合多样化实务需要的考虑，催告不应苛求书面形式。

## 五、关于催告方式——协议折价方式之疑难探讨

根据《合同法》第286条的规定，承包人催告发包人在合理期限内支付价款，发包人逾期不支付的，承包人可与发包人协议将该工程折价，也可申请人民法院将该工程依法拍卖，并就折价或拍卖款优先受偿工程款。从条文措辞不难看出，承包人行使优先受偿权的方式包括协议将工程折价和申请法院拍卖。该两种方式差异明显，

---

〔1〕 有学者认为，“关于合理催告期……承包人给发包人书面催告还款的期限为8周……”王旭军、梁静：《建设工程款优先受偿权之担保物权有机竞合论——对〈合同法〉第286条司法解释的反思》，载《法律适用》2004年第7期。

〔2〕 参见韩世远：《履行迟延的理论问题》，载《清华大学学报（哲学社会科学版）》2002年第4期。

且于实践操作中皆不乏争议，故分而论之。

在实践中，若发包人与承包人约定以工程抵偿工程价款，如签订商品房买卖合同，此情形是否属于《合同法》第286条所规定的“协议将工程折价”？

**【基本观点】**

该问题实际上涉及对折价具体方式的理解，对此问题，有学者认为，折价是指承发包双方协商确定价格，并将工程项目卖与第三人[1]。在此观点之下，协议以工程抵偿欠款则非协议折价，该做法将不被《合同法》第286条所涵括。而有学者则认为，折价系直接将工程项目所有权移转于承包人抵作工程款[2]，依该观点，则“以工程抵债”属于建设工程优先受偿权行使中的“协议折价”。

**【观点解读】**

我们认为，于实践层面，可能系因工程不能变现，导致发包人无法依约向承包人支付工程价款，而只得以工程进行抵偿。在此情形之下，承包人即使取得工程所有权，其也可能难以将其变现，以致不能及时支付或清偿人工费及其他实际费用。但在理论层面，以物抵债于法律上未被禁止，当事人自行约定并无不妥。况且，承包人取得工程所有权之后，完全可将其进行处分以变现，或者再以该工程抵偿其所负债务。故而，发包人与承包人约定以工程抵偿工程价款，应认定为“协议将工程折价”。

实际上，于司法实践中，法院对于“以工程抵债”是否属于折价方式，普遍持肯定态度。如在“湖南耒阳农村商业银行股份有限公司等与周慧平等债权人撤销权及建设工程价款优先受偿权纠纷上诉案”[3]中，

〔1〕参见江平：《中华人民共和国合同法精解》，中国政法大学出版社1999年版，第224页。

〔2〕参见胡康生：《中华人民共和国合同法释义》，中国法制出版社1999年版，第439页。

〔3〕参见湖南省衡阳市中级人民法院（2014）衡中法民一终字第146号民事判决书。

法院即认为，将房屋抵偿工程款属于工程协议折价的一种方式。

## 六、申请拍卖方式之疑难探讨

第一，是否以提起优先受偿权确认诉讼或仲裁为限

关于申请法院进行拍卖，《合同法》第286条的规定为“可以申请人民法院将该工程依法拍卖”，关于是否必须通过提起诉讼或仲裁的方式主张优先受偿权，学界存在争议。

**【基本观点】**

一种观点认为，承包人申请法院拍卖工程，并就拍卖款优先受偿，必须经过诉讼或仲裁对优先受偿权予以确认。其理由主要包括：首先，承包人是否享有建设工程款优先受偿权以及优先受偿权部分的具体数额，在法律性质层面属于实体范畴，根据审执分立的原则，执行机构一般不得对实体问题进行裁判。其次，如果由执行机构在执行程序中对承包人优先受偿权进行确认，不仅难以给当事人的权利提供充分救济，还因具体数额的认定需要另行委托审计机构或者鉴定机构审计或鉴定，将导致增加当事人的诉累、影响执行效率、容易出现审计结果相互矛盾情形等问题。[1] 亦有学者指出，在实践中，如果承包人不先行提起请求发包人偿还工程款的诉讼，则法院不会允许其直接请求拍卖建设工程，而造成这种态度的实体原因或许在于：担心不经审判程序、直接进入执行程序可能产生错误。[2]

另一种观点则认为，建设工程优先受偿权的行使，可以不经诉讼

〔1〕参见雷运龙、黄锋：《建设工程优先权若干问题辨析》，载《法律适用》2005年第10期。

〔2〕参见张巍：《建设工程承包人优先受偿权之功能研究》，载《北大法律评论》2005年第7卷第1辑。

或仲裁而直接向法院申请拍卖工程。持此观点的梁慧星教授认为，按照《合同法》第286条的规定，承包人既可以与发包人协议将该工程折价，也可以直接申请人民法院将该工程依法拍卖。这里规定的不是“提起诉讼”，而是“申请法院拍卖”。立法意图是要改变担保法规定的抵押权行使方式，由“对人诉讼”改为“对物诉讼”，即向法院申请执行抵押权。[1] 有学者亦认为，工程款优先受偿在权利性质上是一种法定权利，依据法律规定而产生，只要具备了法律规定的条件即可行使，无须经判决确认；《合同法》第286条的立法意图是要改变担保法规定的抵押权行使方式，即向法院申请执行抵押权，方便优先受偿权的实现。[2]

除此之外，有学者以“发承包双方就工程价款是否存在争议”为标准予以了区分对待。在双方已经确认工程价款的情形下，承包方有权直接向人民法院申请拍卖工程项目使其工程价款优先受偿，而无须通过诉讼审理过程。在双方就工程价款存在争议的情况下，承包人只能向人民法院起诉或申请仲裁，在法院作出判决或仲裁裁决确定工程价款后，承包人才能申请人民法院拍卖建设工程行使优先受偿权。[3]

**【观点解读】**

我们认为，基于《合同法》第286条的规定，出于便于权利行使的考虑，应当认定承包人可以不经诉讼或仲裁确认优先受偿权而直接向法院申请拍卖工程。其理由申言如下：其一，虽然依照审执分立原则，执行机构一般不得对实体问题进行裁判，但法律另有特别规定，则不在此限。毕竟，2007年施行的《物权法》第195条、第220条和

〔1〕参见梁慧星：《合同法第二百八十六条的权利性质及其适用》，载《山西大学学报（哲学社会科学版）》2001年第3期。

〔2〕参见戴曙：《民事执行程序中建设工程款优先受偿权问题》，载《法治论丛》2008年第1期。

〔3〕参见王建东：《评〈合同法〉第286条》，载《中国法学》2003年第2期。

第237条分别就抵押权、质权和留置权的实现确立了“权利人可直接向法院请求拍卖、变卖担保物”规则，以便于担保物权人行使权利。其二，在实现担保物权的“对物诉讼”案件中，人民法院需审查申请人递交的必要文件和材料，对于符合法律规定的，方裁定拍卖、变卖担保财产。[1] 换言之，“对物诉讼”亦需对案件实体予以必要考察。此外，若发包人提出异议且有证据证明承包人的申请不符合拍卖条件，则执行程序中止。可见，发包人的权益并不会因此受损或难获救济。其三，承包人能否不经诉讼或仲裁确定优先受偿权而直接请求法院拍卖工程，其仅是针对权利实现方式的“可行性”而言，而“法院因担心出现错误而不予允许”则为实践操作问题，二者并无直接关联。

第二，仅主张工程价款债权是否属于行使优先受偿权

发包人未能按照约定支付工程价款的，则承包人可依据《合同法》第109条要求发包人清偿债务，也可依据《合同法》第286条行使优先受偿权。因二者皆有保护承包人工程价款债权之目的，当事人在实践中未必能深刻理解二者的制度差异和行使方式，若承包人于诉讼或仲裁过程中仅主张工程价款债权，是否可认定为承包人行使优先受偿权？

对此问题，有学者认为，承包人必须在其诉讼中主张承包人优先受偿权，否则法院不会主动适用第286条规定。也就是说，如果承包人仅仅请求支付未获清偿之工程款，而未主张此等债权系针对特定建设工程之承包人优先受偿权作为担保，那么法院将只判令被告清偿工程款，而不实行此项优先受偿权。[2]

我们亦认为，若承包人仅主张工程价款债权，不宜认定为行使建

[1] 参见宋朝武：《民事诉讼法》，中国政法大学出版社2012年版，第389~390页。

[2] 参见张巍：《建设工程承包人优先受偿权之功能研究》，载《北大法律评论》2005年第7卷第1辑。

设工程优先受偿权。前已述及，工程价款债权与优先受偿权为不同性质的权利，承包人若仅主张工程价款债权，则人民法院或仲裁机构不应主动认定优先受偿权，否则将构成“超过诉讼请求或仲裁请求”。

在“德州天龙建筑安装有限公司第三分公司与山东宏力集团有限公司破产管理人建设工程价款优先受偿权纠纷案”[1]中，法院因原告起诉工程欠款时未提出优先受偿权申请，认定其未主张过优先受偿权。

## 七、发函主张之可行性探讨

从《合同法》第286条及《批复》规定的文义来看，承包人行使优先受偿权的形式无非“协议折价”和“申请拍卖”两种。但若承包人未能与发包人就工程折价达成合意，且未申请法院将工程拍卖，而仅于“六个月”内向发包人发函主张优先受偿权，其效力如何？

**【基本观点】**

我们认为，若承包人已发函主张优先受偿权，而仅因发包人不予配合而造成承包人权利罹于除斥期间，确有不公之嫌。既然法律允许承包人以非诉方式行使优先受偿权，则应为承包人以此方式行使权利构建相应的保障机制，优先受偿权作为承包人的法定权利，其行使尚需“仰人鼻息”，无疑对承包人极为不利，这无疑与建设工程优先受偿权“保护承包人利益”的制度初衷背道而驰。故承包人于“六个月”内向发包人发函主张优先受偿权，亦应受到法律保护。

**【实务中应注意的问题】**

发函主张优先受偿权虽然看似并不被法律规定所涵括，但在实务中却不乏被肯定之例。如在“天成润华集团有限公司、中国核工业华

---

〔1〕 参见山东省高级人民法院（2014）鲁民一终字第307号民事判决书。

兴建设有限公司建设工程施工合同纠纷案”[1] 中，最高人民法院认为，“天成国贸中心一期工程在2008年2月4日竣工验收后，华兴公司于同年5月12日以‘工作联系单’方式向天成公司主张案涉工程的优先受偿权，并未超出法定的优先受偿权除斥期间。天成公司认为华兴公司起诉时主张优先受偿权超出法定的期间缺乏事实和法律依据，不能成立。”归纳该案的裁判要旨，即为：承包人于六个月期限之内，未进行协议折价或申请拍卖，而仅发函主张优先受偿权，并无不可。

在“威海建设集团股份有限公司与荣成市神飞船舶制造有限公司破产管理人建设工程价款优先受偿权纠纷案”[2] 中，一审法院认为，原告在发送催款函的时候主张优先受偿权，而未与被告就工程折价或者拍卖达成合意，发送催款函的行为不是行使优先受偿权的有效方式；二审法院则认为，以“催款函”等发函方式主张工程的优先受偿权，属于行使优先受偿权的适当方式，并判决原审有误、应予纠正。

我们也认为，现有司法解释对承包人优先受偿权的实现确有不当之处，司法实践通过扩大解释的方法将发函方式纳入行使方式之内可以弥补司法解释过于严苛的疏漏，以最终达到《合同法》规定优先受偿权的目的，值得肯定。

---

〔1〕 参见最高人民法院（2012）民一终字第41号民事判决书。

〔2〕 参见山东省威海市中级人民法院（2015）威民一终字第550号民事判决书。

# 第六章

# 建设工程优先受偿权与保证之关系

◇ 亓培冰[*] 史智军[**]

【基本观点】

建设工程价款优先受偿权的性质，依照通说应当为具有物权性质的不动产特别优先权，系法定担保物权的一种，可参照适用《物权法》关于担保物权的一般规则，即被担保的债权既有物的担保又有人的担保，债务人不履行到期债务或者发生当事人约定的实现担保物权的情形，债权人应当按照约定实现债权；没有约定或者约定不明确，债务人自己提供物的担保的，债权人应当先就该物的担保实现债权。故在建设工程价款优先受偿权与保证并存时，承包人应首先通过优先受偿权的实现保证债权，未能实现或完全实现上述债权之时，保证人才需承担保证责任。

【观点解读】

（一）建设工程价款优先受偿权的性质

建设工程价款优先受偿权与保证并存时，两者关系的理顺有赖于

---

* 亓培冰，上海市方达（北京）律师事务所合伙人，原北京市第三中级人民法院民一庭庭长，审判委员会委员。

** 史智军，北京市第三中级人民法院民一庭法官。

明确优先受偿权的权利属性。对此，理论界及实务界存在分歧，主要存在三种观点：

第一种观点认为，优先受偿权的性质为留置权，其主要依据是承包双方签订的建设工程施工示范合同文本通过条款的约定，承包人受到竣工结算价款后14天内将竣工工程交付发包人，发包人未按期支付竣工结算款的，承包人有权留置工程。[1]

第二种观点认为，优先受偿权的性质为法定抵押权。如梁慧星教授所述，从立法过程可知，“合同法二百八十六条从设计、起草、讨论、修改、审议直到正式通过，始终是指法定抵押权。在历次专家讨论会上，未有任何人对此表示异议，未有任何人提出过规定承包人优先权的建议。”[2]

第三种观点认为，优先受偿权的性质为具有物权性质的不动产特别优先权，系法定担保物权的一种，是法律直接赋予特定权利人享有优先于其他权利人受偿的权利，是法律基于立法政策和保护特定利益的需要为特定权利人设定的特权，无须登记即生法律效力。[3] 持该观点者认为，我国一些特别法中有优先权的具体规定，如《海商法》、《民用航空法》分别规定了船舶优先权和民用航空器优先权，并且上述优先权均不需要办理登记公示即可发生效力，与《合同法》第286条的规定性质相同。

笔者同意第三种观点，理由如下：

1. 第一种观点中的留置权与我国法律规定及法学理论相悖，虽有文章表述，然实践中尚未见真正持该种观点者。第二种观点所提之

---

〔1〕 参见陈旻：《建设工程案件审判实务与案例精析》，中国法制出版社2014年版，第377页。

〔2〕 梁慧星：《合同法第二百八十六条的权利性质及其适用》，载《人民法院报》2000年12月1日，第3版。

〔3〕 参见陈旻：《建设工程案件审判实务与案例精析》，中国法制出版社2014年版，第378页。

“法定抵押权”看似有理，然亦存在诸多值得商榷之处。所谓法定抵押权，“系指基于法律规定而生之抵押权而言，此种抵押权不待登记，即生效力，与普通抵押权系因当事人合意而设定，需经登记始生效力者有异，故属于特殊抵押权”，[1] 承包人的优先受偿权表面看似与我国台湾地区民法之相关规定类似，然实质上存在区别。于台湾地区的民法规定中，“1930 年施行之民法所定第五一三条之承揽人之抵押权，原属法定抵押权一种，然于 1999 年 4 月修正后，性质上为强制性之意定抵押权，与普通抵押权系依约定而成者，仍有未尽相同之处”[2]，从台湾地区的民法沿革分析，其所涉之“承揽人的抵押权”原本无须登记，后因该项抵押权未以公示方法彰显于外，对交易安全存在妨害，故修正为必须办理登记。故此，无论为法定抑或意定之抵押权，台湾地区的民法均通过“法定”的形式对于承揽人之抵押权进行了明确规定。然我国《物权法》并未明确法定抵押权的存在，且《合同法》中亦未明确优先受偿权的“抵押权”性质。故将优先受偿权界定为法定抵押权似有不妥。

2. 于我国具体国情而言，《合同法》所规定的承包人优先受偿权具有一定的“时代价值”，即该制度于司法实践中主要用于解决目前较为严重的农民工工资拖欠问题，是一种立法政策的需要。虽然《合同法》规定担保物权不甚妥当，但将承包人的优先受偿权在该部法律之下审视，确定为法定担保物权亦不违反《物权法》确立的物权法定的原则，实践中，亦有法院持相同意见。如《济南市中级人民法院关于建设工程施工合同纠纷案件法律适用问题研讨会纪要》第 25 条规定：“该权利不应该作为留置权或法定抵押权，而是法定的优先权，这是因为依据《合同法》《担保法》的有关规定，留置权的标的物以

[1] 谢在全：《民法物权论》，中国政法大学出版社 2011 年版，第 929 页。

[2] 谢在全：《民法物权论》，中国政法大学出版社 2011 年版，第 914 页。

动产为限，抵押权必须基于当事人的约定而产生，属于意定物权，其性质与该优先受偿权均不相符。该权利系基于《合同法》第二百八十六条的规定而产生的，应当属于法定的优先权。”

（二）建设工程价款优先受偿权与保证并存时的实现顺序

在明确优先受偿权性质的基础上，可对保证与之并存的情形做进一步的分析。

承包人享有优先受偿权，同时保证人为工程欠款向承包人提供保证的，此时的承包人为实现其债权应对上述两种“担保”进行何种顺序的实现。

笔者认为，既然优先受偿权本质上具有物权性质，系法定担保物权的一种，则当适用《物权法》对于担保物权与人保并存的处理规则。具体而言，根据《物权法》第176条规定：“被担保的债权既有物的担保又有人的担保的，债务人不履行到期债务或者发生当事人约定的实现担保物权的情形，债权人应当按照约定实现债权；没有约定或者约定不明确，债务人自己提供物的担保的，债权人应当先就该物的担保实现债权；第三人提供物的担保的，债权人可以就物的担保实现债权，也可以要求保证人承担保证责任。提供担保的第三人承担担保责任后，有权向债务人追偿。”对于承包人而言，发包人相当于以建设工程本身作为了工程价款履行的担保物，故此，在发包人拖欠工程款时，承包人应当优先行使建设工程价款优先受偿权，保证人只在建设工程价款优先受偿权不能受偿的范围内承担责任。

**【实务中应注意的问题】**

（一）建设工程施工合同无效对承包人优先受偿权和保证人责任的影响

实践中，不乏由于各种原因导致建设工程施工合同无效的情形，此时，承包人是否依然享有优先受偿权以及保证人的责任范围都是需要考虑的问题。

施工合同无效后，承包人的优先受偿权是否应得到支持，实践中存在分歧。第一种意见如《广东省高级人民法院关于在审判工作中如何适用〈合同法〉第286条的指导意见》（粤高法发〔2004〕2号）第7条规定："在建设工程合同无效的情形下，承包人主张建设工程价款优先受偿权的，人民法院不予支持。"

第二种意见如《安徽省高级人民法院关于审理建设工程施工合同纠纷案件适用法律问题的指导意见》第17条规定："建设工程施工合同无效，但工程经竣工验收合格的，承包人主张工程价款优先受偿权，可予支持。"

通说认为，建设工程施工合同无效，但工程经竣工验收合格的，承包人可以主张优先受偿权。因为《合同法》第286条规定，建设工程价款优先受偿权的目的就是平衡各方的利益。建设工程价款不仅包括购置材料及设备的款项，还包括大量工人劳务报酬，如发包人恶意拖欠工程款，将直接影响承包人的债权，拖欠农民工工资，妨害社会管理秩序。基于这样的立法背景，为了保障承包人价款债权的实现，本条规定了承包人的优先受偿权。在建设工程施工合同无效之后，现行法律规定了承包人可要求参照合同支付工程款，再结合上述立法目的，赋予承包人的优先受偿权具有现实基础。

关于保证人的担保责任，首先，主债务因法定原因无效时保证合同有何种效力，对此，大陆法系民法的规定也有差异。有仅规定保证可独立有效的，如法国《民法典》第2012条和我国台湾地区"民法典"第734条等；也有规定保证人应付担保责任的，如瑞士《债务法》第492条。不过上述差异并非实质性的。"所谓主债务无效时保证仍为有效，并非成立保证债务之意，因为主债务既属无效，无成立从属性之保证债务之余地，乃保证人独立就该债务之内容自负履行职责，已无从属性及补充性可言。”[1] 学理上将上述可独立生效的保证归为损害担保的一种，包括因债务不履行及其他原因而造成的损害。我国担保法虽无损害担保合同的概念，但该法第5条第1款的规定已在实质上规定了损害担保合同，[2] 依据《担保法》第5条第1款规定：“担保合同是主合同的从合同，主合同无效，担保合同无效。担保合同另有约定的，按照约定。”从而从法律层面对于主合同无效后的保证合同的效力做出了规定，即在建设工程施工合同无效的前提下，保证合同自然无效。其次，我国《担保法》第5条第2款对于担保合同无效后，保证人承担的损害赔偿责任亦做出了明确，即“担保合同被确认无效后，债务人、担保人、债权人有过错的，应当根据其过错各自承担相应的民事责任。”《最高人民法院关于适用〈中华人民共和国担保法〉若干问题的解释》第8条规定：“主合同无效而导致担保合同无效，担保人无过错的，担保人不承担民事责任；担保人有过错的，担保人承担民事责任的部分，不应超过债务人不能清偿部分的三分之一。”可见，保证人是否需要承担责任，尚需考察在建设工程施工合同无效导致保证合同无效的过程中，保证人是否存在过错。

（二）承包人怠于行使优先受偿权之于保证人责任的影响

对于优先受偿权的行使期间，依照《最高人民法院关于建设工程价款优先受偿权问题的批复》的规定，“建设工程承包人行使优先权的期限为六个月，自建设工程竣工之日或者建设工程合同约定的竣工之日起计算。”然而实践中，不乏承包人未及时主张优先受偿权或其他原因导致承包人丧失优先受偿权的情形，此时，对于保证人而言，其承担的保证责任是否会有变化？

对于承包人而言，依照前述分析，其有权主张的债权实质上存在

---

〔1〕 参见朱建农：《无效合同保证人的损害担保义务初探》，载《政治与法律》2000年第6期。
〔2〕 参见朱建农：《无效合同保证人的损害担保义务初探》，载《政治与法律》2000年第6期。

两层担保：其一为具有物权性质的优先受偿权；其二为人保性质的保证人担保。故在承包人放弃优先受偿权时，该问题的本质即成为债权人放弃债务人的财产担保之后，其他担保人的责任范围如何确定。对此，依然可以参照我国《物权法》第194条第2款的规定，即“债务人以自己的财产设定抵押，抵押权人放弃该抵押权、抵押权顺位或者变更抵押权的，其他担保人在抵押权人丧失优先受偿权益的范围内免除担保责任，但其他担保人承诺仍然提供担保的除外。”由此可知，如果承包人放弃了优先受偿权，则保证人在承包人放弃的范围之内免除保证责任，除非保证人承诺依然愿意承担担保责任。

**【典型案例6.1】**〔1〕

## 启安公司诉中苏储公司连带清偿责任纠纷案

**基本案情**：2008年7月，启安公司与案外人永芳公司订立建设工程施工合同，由启安公司承建永芳公司储炼油车间储罐安装工程。2009年3月，启安公司与永芳公司订立还款协议，确认永芳公司欠付建设工程款1366万元。并约定还款进度及按照年息10%的利率计算利息，利随本清。该协议第三条保证条款约定，中苏储公司对此工程款承担连带清偿责任，启安公司对所建工程享有优先受偿权，中苏储公司中转收入作为此协议执行的保证条款。该还款协议签订后，永芳公司并未按照协议约定履行还款义务。启安公司遂将中苏储公司诉至法院，要求其承担连带清偿责任。

**裁判主旨**：法院一审认为，建设工程价款优先受偿权是原告享有的法定权利，并非被告或第三人提供的物的担保，原告启安公司是否行使该权利不影响被告中苏储公司保证义务的承担。因为保证条款中

〔1〕《“建设工程价款优先受偿权”可否视为“担保物权”》，载http：//roll. sohu. com/20130905/n385911431. shtml。

原被告双方对“中转收入”的意义约定不明，故该保证条款中设定的物的担保应为无效。一审判决被告中苏储公司对所欠工程款1366万元承担连带清偿责任。后被告不服，提起上诉。二审认为，建设工程价款优先受偿权可视为担保物权，根据《物权法》第176条的规定，债权人应当先就该物的担保实现债权。二审改判原告启安公司应当先通过优先受偿权实现债权，对无法受偿部分，被告中苏储公司承担连带清偿责任。

# 第七章

# 建设工程优先受偿权之实现程序

◇ 汤　雷* 　李　昱**

## 一、建设工程优先受偿权必须通过审判或仲裁程序还是可以直接通过执行程序实现?

**【基本观点】**

建设工程优先受偿权的权利行使方式当事人可以通过意思自治进行选择，但对于申请执行人是否享有建设工程优先受偿权，以及建设工程优先权的范围、数额等实体问题，执行程序无法直接作出认定，必须通过审判或仲裁程序实现。

**【观点解读】**

建设工程优先受偿权是否可以直接在执行程序中予以确认，由于相关法律及司法解释并未明文规定，实务界对此问题一直难以达成一致观点。有观点认为，建设工程款优先受偿权的确认应当既可以在诉讼程序中进行，也可以在执行程序中进行；也有观点认为，建设工程

---

* 汤雷，北京市天同（南京）律师事务所高级顾问，原南京市中级人民法院民四庭副庭长。

** 李昱，上海为安互联网金融信息服务有限公司副总裁，原上海仲裁委员会发展部部长。

必须通过审判或仲裁程序实现。我们倾向建议：建设工程优先受偿权的权利行使方式当事人可以通过意思自治进行选择，但对于申请执行人是否享有建设工程优先受偿权，以及建设工程优先权的范围、数额等实体问题，执行程序无法直接作出认定，必须通过审判或仲裁程序实现。其理由如下：

从权利性质上看，工程款优先受偿权是一种法定权利，依据法律规定而产生，只要具备了法律规定的条件即可行使，无须经判决确认。此外，《合同法》第286条的立法意图是要改变担保法规定的抵押权行使方式，由“对人诉讼”改为“对物诉讼”，即向法院申请执行抵押权，方便优先受偿权的实现。《物权法》第195条第2款赋予了抵押权人可以不经诉讼程序，直接请求人民法院拍卖、变卖抵押财产的权利。换言之，建设工程优先受偿权并不一定是一种审判权，而是一种直接兑现或者说是实际执行权，可以在执行程序中加以适用，而无须在审判中加以确认。

因此，当事人可以通过意思自治对建设工程优先受偿权的权利行使方式进行选择，即建设工程优先受偿权既可以通过审判或仲裁程序实现，也可以直接通过执行程序实现。

但需要注意的是，对于申请执行人是否享有建设工程优先受偿权，以及建设工程优先权的范围、数额等实体问题存在争议时，执行程序无法直接作出认定，必须通过审判或仲裁程序实现。

首先，我国确认民事权利的程序与实现民事权利的程序相对独立，即“审执分立”。[1] 根据审执分立的原则，执行机构一般不得对实体问题进行裁判，除非法律或司法解释特别授权。申请执行人是否享有建设工程款优先受偿权，以及优先受偿权的具体范围、数额，从法律性质上讲，属于实体方面的问题，故本质上应由审判机构通过诉讼程

---

〔1〕 参见江必新主编：《新民事诉讼法理解适用与实务指南》，法律出版社2012年版，第840页。

序予以确认。

其次，根据《合同法》第286条和《最高人民法院关于建设工程价款优先受偿权问题的批复》（法释〔2002〕16号，以下简称《批复》），建设工程优先权在效力上优先于抵押权，建设工程优先权的实现会影响其后一系列一般债权人抵押权的实现，甚至可能导致其抵押权不能实现，财产受到损失。如果允许当事人对建设工程优先受偿权的实体问题通过意思自治的实现方式进行选择，很有可能导致申请执行人恶意串通损害第三人利益情况的发生。因此，法院在实现建设工程优先权实体问题时必须通过审判或仲裁程序。

最后，如果由执行机构在执行程序中对上述实体问题进行确认，一方面不能给当事人的权利提供充分的救济；另一方面对作为优先受偿权基础的建设工程的具体范围及工程造价数额的认定，通常需要另行委托鉴定机构进行鉴定，而且双方对于鉴定结果存在争议，执行部门还需要进一步作出认定，这将导致如下问题：（1）影响执行效率；（2）严重超越了执行权限，明显以执代审。

综上所述，建设工程优先受偿权的行使方式当事人可以通过意思自治进行选择，但对于申请执行人是否享有建设工程优先受偿权，以及建设工程优先权的范围、数额等实体问题，执行程序无法直接作出认定，必须通过审判或仲裁程序实现。

**【实务中应注意的问题】**

如果当事人自行达成协议向法院申请直接确认和执行建设工程款优先权，即使双方通过协议对权利义务主体和数额都予以了明确，法院也应当慎重进行审查，而不能直接简单地确认双方协议内容。因为，建设工程优先权在效力上优先于抵押权，建设工程优先权的实现会影响其后一般债权人抵押权的实现。虽然当事人可以通过意思自治对建设工程优先受偿权的权利行使方式进行选择，但是为防止申请执行人恶意串通损害第三人利益，法院在确认和执行建设工程优先权的实体问题时应当慎重审查，必要时应通过审判或仲裁程序予以确认。

**【典型案例7.1】**

## 永茂公司诉明宏达公司、陈伟建建设工程价款优先受偿权纠纷案[1]

**基本案情：**永茂公司以明宏达公司、陈伟建为被告，因建设工程价款优先受偿权纠纷向崇左市中级人民法院提起诉讼，崇左市中级人民法院作出（2010）崇民初字第33号民事判决。上诉人广西明宏达装饰设计工程有限公司（以下简称明宏达公司）、陈伟建不服崇左市中级人民法院（2010）崇民初字第33号民事判决，向广西壮族自治区高级人民法院提起上诉。

**裁判主旨：**一审法院审理认为，关于永茂公司对福顺公司是否享有工程款优先受偿权问题，福顺公司作为发包人，未按照约定支付工程价款，人民法院判决生效后，福顺公司仍未支付价款，永茂公司申请执行，一审法院向福顺公司发出了执行通知书，永茂公司履行了催告义务，因此，永茂公司就福顺公司位于凭祥市南山工业园内约33.9亩土地上的建筑物拍卖价款享有优先受偿权。依据《最高人民法院关于建设工程价款优先受偿权问题的批复》第1条、第4条之规定，承包人向发包人行使优先受偿权可以在案件审理中，也可以在案件执行中。本案永茂公司在施工过程中，由于福顺公司未依约支付工程价款，导致工程竣工前合同被人民法院判决解除，工程款经过诉讼才于2009年6月13日被广西壮族自治区高级人民法院最终确定。2009年6月19日，永茂公司向南宁市中级人民法院申请预扣拍卖款项，主张了工程款优先受偿权。在主张工程款优先受偿权未果情况下，永茂公司提

[1] 参见广西壮族自治区高级人民法院（2011）桂民一终字第61号民事裁定书。

起了工程款优先受偿权诉讼。因此，永茂公司主张工程款优先受偿权是在6个月期限内，并未丧失工程款优先受偿权。

上诉人陈伟建也不服一审判决，上诉称，一审判决认为承包人可以通过诉讼向发包人主张优先受偿权，也可以在执行程序中向发包人主张优先受偿权，是错误的。请求二审法院依法撤销一审判决第一项，改判驳回永茂公司的全部诉讼请求。

二审法院查明，永茂公司就福顺公司位于凭祥市南山工业园内的33.9亩土地上的建筑物拍卖所得价款是否享有建设工程价款优先受偿权和在多少金额范围内享有建设工程价款优先受偿权问题，已于2010年4月1日向南宁市中级人民法院提起诉讼，请求人民法院依法判决永茂公司对南宁市中级人民法院拍卖福顺公司位于凭祥市南山工业园内的33.9亩土地使用权及其地上建筑物所得款12，283，393元享有参与分配权，并优先受偿480万元。2010年4月2日，南宁市中级人民法院依法受理了该案。在南宁市中级人民法院依法受理该案后但尚未作出判决前，永茂公司基于同一事实和理由，又于2010年6月28日向崇左市中级人民法院提起诉讼，再次请求人民法院依法判决永茂公司对福顺公司位于凭祥市南山工业园内的33.9亩土地上的建筑物拍卖所得款享有480万元的优先受偿权。永茂公司的起诉属于重复诉讼，违反了“一事不再理”原则。依据《最高人民法院关于适用〈中华人民共和国民事诉讼法〉若干问题的意见》第186条之规定，二审法院裁定撤销崇左市中级人民法院（2010）崇民初字第33号民事判决。

## 二、是否可以通过担保物权实现程序实现建设工程优先受偿权?

**【基本观点】**

可以通过担保物权实现程序实现建设工程优先受偿权。

**【观点解读】**

要明确建设工程优先权是否可以通过担保物权实现程序实现，首先应对优先受偿权进行定性。根据学界主流观点，建设工程价款优先受偿权应认定为法定优先权。建设工程价款优先受偿权具备优先权的众多特征：一是由法律直接规定，无需当事人约定，其产生与法律效力具有法定性；二是以特定财产担保债权实现；三是具备从属不可分性、物上代位性及优先受偿性等特征。建设工程价款优先受偿权是法律出于保护承包人生存权利和维持建筑行业正常发展需要做出的特别规定，属于建设工程承包人工程款债权的法定担保。[1] 因此，建设工程优先受偿权可以通过担保物权的实现程序实现。

根据《批复》第 1 条的规定，人民法院在审理房地产纠纷案件和办理执行案件中，均可适用建设工程优先受偿权的规定。按照《合同法》第 286 条的规定，建设工程价款优先受偿权的行使方式有两种：一是与发包人协议将该工程折价，二是申请人民法院将该工程依法拍卖。这两种方式没有顺位之分，承包人可根据实际情况自主选择。

承包人通过催告程序，发包人仍然不支付价款的，承包人可与发包人协议将工程折价。但是“协议折价”并非必经程序。承包人不同意以“协议折价”或者与发包人达不成折价协议的，按照《合同法》

〔1〕 参见江必新、何东宁等:《最高人民法院指导性案例裁判规则理解与适用》(房地产卷)，中国法制出版社 2014 年版，第 258 ~260 页。

第 286 条的规定，承包人可以申请人民法院将该工程依法拍卖，并就该工程拍卖的价款优先受偿。具体操作程序上，我国现行的民事诉讼法律、法规对于承包人直接申请人民法院依法拍卖建设工程没有规定专门的执行程序，只能准用《中华人民共和国民事诉讼法》（以下简称《民事诉讼法》）第 196 条、第 197 条以及《最高人民法院关于适用〈中华人民共和国民事诉讼法〉的解释》第 361 条至第 373 条关于“实现担保物权案件”程序。

综上所述，可以通过担保物权实现程序实现建设工程优先权。

**【实务中应注意的问题】**

通过担保物权实现程序实现建设工程优先权，必须符合实现担保物权程序的基本法律规定。根据《民事诉讼法》第 196 条及第 197 条的规定，以及第十五章“特别程序”第一节“一般规定”的内容，建设工程优先权主体申请通过担保物权实现程序实现其权利时必须满足下列条件：

1. 申请人为有权请求实现担保物权的主体；

2. 建设工程优先权的基础债权债务关系、申请人主张优先受偿的范围（即工程款欠款数额）、请求法院依法拍卖、变卖的担保财产的内容等必须明确。

**【典型案例 7.2】**

## 福建省启光钢构有限公司与肇庆高新达旺铝业有限公司建设工程价款优先受偿权纠纷案[1]

**基本案情：** 2012 年 10 月 15 日，原、被告双方签订《建设工程施工承包合同》，合同约定由原告承建被告在肇庆大旺工业区的钢结构厂房（包括木纹车间 2#、3#和铝单板车间共三栋），不含税总造价为

〔1〕 福建省四会市人民法院（2015）肇四法大民初字第 105 号民事判决书。

人民币 9，626，080 元。合同签订后，原告依约完成了木纹车间 2#、3#钢结构工程并验收合格。但被告因资金等原因，致使整个项目工地全面停工数月，无法继续施工。后经原告依法向四会法院提起诉讼，要求解除合同并支付已完工程工程款。四会法院于 2014 年 12 月 3 日作出一审判决，该判决确定双方签订的合同，被告向原告支付工程款 2，964，012 元及利息，并赔偿可得利润损失 27，227.2 元。根据《合同法》第 286 条的规定，承包人对其承建工程拍卖或变卖所得价款具有优先受偿权，故此，原告起诉要求判决确认原告所依据（2014）肇四法大民初字第 247 号判决书确定的应得款项（工程款 2，964，012 元及利息、赔偿款 27，227.2 元）对被告 2#、3#木纹车间的折价、拍卖或变卖价款具有优先受偿权。

**裁判主旨**：法院认为，原告就工程款 2，964，012 元应享有优先受偿权。由于佛山市禅城区人民法院已委托评估机构对包括木纹车间二、木纹车间三、铝单板车间在内的地上建筑物、在建建筑物及构筑物的市场价值进行了评估和拍卖，故原告主张的工程款 2，964，012 元仅能在人民法院依法拍卖木纹车间二、木纹车间三、铝单板车间的款项中享有优先受偿权。法院判决：原告福建省启光钢构有限公司依据（2014）肇四法大民初字第 247 号民事判决书确定应得的工程款 2，964，012 元在人民法院依法拍卖木纹车间二、木纹车间三、铝单板车间的款项中享有优先受偿权。

## 三、在判决、裁决主文中是否需要对承包人是否享有工程优先受偿权以及优先受偿权担保债权的具体数额予以明确？

**【基本观点】**

在判决、裁决主文中，对于承包人是否享有工程优先权以及优先权担保债权的具体数额需要予以明确。

【观点解读】

对在判决、裁决主文中是否需要对具体数额予以明确的问题有两种观点：一种为在判决、裁决主文中需要对具体数额予以明确，另一种则为在判决、裁决主文中不需要对具体数额予以明确。我们倾向建议采用第一种观点，即在判决、裁决主文中需要对具体数额予以明确。其理由如下：

承包人享有建设工程款优先受偿权的基础是对工程款的欠款享有债权，而确认债权的存在以及优先权部分的具体数额，从法律性质上讲，属于实体方面的问题，根据审执分立的原则，执行机构一般不得对实体问题进行裁判，除非法律或司法解释特别授权，故本质上应由审判机构通过诉讼程序予以确认。只有在判决、裁决主文中对具体数额予以明确才能为执行提供有效的执行依据，才能给当事人的权利提供充分的救济。

反之，假设在判决、裁决主文中不对具体数额予以明确，而是在执行机构的主持下，通过审计或者鉴定部门对工程款的各组成部分及其具体数额予以明确，再据此确定建设工程优先受偿权的具体数额。上述做法虽然在实践中可能更为简便快捷，但却不能给当事人的权利提供充分的救济：其一，执行机构的确认和执行缺少有效、合法的执行依据，其行为超越了法律规定的权限，违反了审执分立原则；其二，对具体数额的认定，必然需要另行委托审计机构或者鉴定机构，对工程造价及其中的优先权部分进行审计或鉴定，这将导致如下问题：一是增加当事人的诉累，二是影响执行效率，三是容易出现审计结果相互矛盾的情形。这些问题的产生必将严重妨碍当事人的权利得到充分救济。

综上所述，在判决、裁决主文中对于承包人是否享有工程优先权以及优先权担保债权的具体数额需要予以明确。

【实务中应注意的问题】

1. 在诉讼中，如果审判部门作出的实体判决或裁决主文中没有对建设工程优先权的具体数额予以明确，执行部门在执行过程中无权直接认定建设工程优先权的数额和范围。当事人为实现其建设工程优先权，建议其通过审判监督程序予以解决。

2. 审判部门在作出判决、裁决时，应当对优先受偿权的基础债权，即工程款欠款数额（包括本金、违约金、利息等）和工程款担保数额予以区分，并逐项明确，以便于执行。

**【典型案例 7.3】**

## 浙江华匠建设有限公司与浙江金巢包装有限公司建设工程施工合同纠纷案[1]

**基本案情：**2013 年 5 月 27 日，桐乡市凤鸣建筑发展有限公司羔羊分公司（以下简称凤鸣公司）与金巢公司签订《建设工程施工合同》一份，约定由凤鸣公司承包金巢公司 2#厂房的打桩、土建、安装工程；承包方式为包工包料（不包括所有车间室外附属工程），合同价款 9，000，000 元等。2013 年 6 月 20 日，凤鸣公司经工商核准变更登记为华匠公司。2013 年 6 月 17 日，双方出具桩基开工报告一份。2013 年 7 月 3 日，打桩工程通过交工验收。2013 年 10 月 13 日，双方出具开工报告一份。2014 年 4 月 30 日，2#厂房房屋主体工程竣工。2014 年 6 月 30 日，桐乡市住房和城乡规划建设局颁发建设工程规划许可证。2014 年 8 月 30 日，双方签署《单位（子单位）工程质量竣工验收记录》。2014 年 12 月 26 日，桐乡市住房和城乡规划建设局颁发建设工程施工许可证，载明涉案工程的合同开工日期为 2013 年 9 月 26 日，合同竣工日期为 2014 年 4 月 30 日。2015 年 5 月 6 日，桐乡市住房和城乡规划建设局颁发建设工程规划核实确认书。2014 年 5 月 8 日，金巢公司盖章确认华匠公司《房屋建筑工程单位（子单位）工

[1] 参见浙江省桐乡市人民法院（2015）嘉桐民初字第 4753 号民事判决书。

程》竣工报告。2015 年 8 月 10 日，双方签署房屋建筑工程竣工验收原始文件，金巢公司出具验收报告，验收结论为合格。在施工过程中，金巢公司与桐乡市凤鸣建筑发展有限公司羔羊分公司签订《建设工程施工合同补充协议》，约定金巢公司将2#厂房地面、1#厂房 2 楼仓库地面花岗岩、配电房、电缆沟盖板等附属工程交给华匠公司施工，合同总价为2，000，000 元等。2015 年7 月20 日，双方订立《合同协议书》，载明工程合同价 9，000，000 元，补充协议 2，000，000 元，合计 11，000，000 元，确认增加工程量 750，000 元，工程总造价 11，750，000 元；华匠公司须在 2015 年 8 月 19 日之前完成竣工验收，以金巢公司拿到竣工验收备案表为准，否则协议视为无效。2015 年 8 月 19 日，华匠公司向金巢公司就 2#厂房工程竣工验收意见发布回执，将整改情况汇报金巢公司。2015 年 8 月 25 日，桐乡市规划建设局备案材料显示，涉案工程竣工验收日期为 2015 年 8 月 10 日，于 2015 年 8 月 25 日备案。本案起诉前，金巢公司已付工程款 4，180，000 元。在本案审理阶段，金巢公司分别于 2016 年 1 月 8 日和 27 日支付华匠公司工程款 1，000，000 元和 700，000 元。

**裁判主旨：**关于华匠公司的本诉请求：

1. 法院确认涉案工程总造价为 11，750，000 元，被告的意见不予采信。华匠公司请求金巢公司支付工程款至 80% 计 9，400，000 元符合合同约定，在扣除已支付的工程款 5，880，000 元后，金巢公司尚应支付 3，520，000 元，故华匠公司此项请求法院予以支持。

2. 法院院确认金巢公司就涉案工程尚欠华匠公司工程款总额为 5，870，000 元，华匠公司请求对涉案工程折价或拍卖的价款中享有 5，870，000 元的建设工程优先受偿权，符合法律规定，法院予以支持。

关于金巢公司的反诉请求：

1. 金巢公司根据其提供的其与沈树发签订的《合同协议书》中第

5 项“承包方必须在 1 个月内完成工程所有的扫尾工作，以签订本协议之前开始起算”请求华匠公司继续履行合同，但在其与华匠公司的《合同协议书》中并没有此项，且相关的“扫尾工作”也没有具体明确，而涉案工程从金巢公司自己提供的证据已可以证明已通过竣工验收并备案登记，故金巢公司此项请求法院不予支持；

2. 金巢公司根据《建设工程施工合同补充协议》第 7 条请求华匠公司承担工程逾期违约金 180，000 元，因涉案工程在施工过程中相关办证时间相当混乱，仅凭该条约定尚不能简单认定是华匠公司的原因延误工期，且双方最终的《合同协议书》中对工期延误亦未有任何体现，不予支持；

3. 金巢公司请求华匠公司赔偿工期逾期违约金 179，815 元，庭审中说明系因华匠公司施工工期延误造成金巢公司被国土资源局罚款 179，815元，亦缺乏关联性证据，法院不予支持；

4. 金巢公司要求华匠公司提供本案工程墙体材料、散装水泥发票，以协助金巢公司办理退费手续的请求，法院认为，金巢公司与华匠公司在《建设工程施工合同》及之后的协议中均没有对此项内容作出约定，且目前双方工程款尚未结清，也没有证据证明华匠公司已取得相关票据，故本案中不予支持；

5. 金巢公司要求华匠公司对本案工程进行返修，法院认为，目前涉案工程尚在质量保证期内，金巢公司可直接依据双方的约定向华匠公司提出，并按协议约定的内容进行处理，且本案中金巢公司所提供的证据不足以证明其所主张的事实，故此项反诉不能成立，法院不予支持。据此，依照《中华人民共和国合同法》第 109 条、第 286 条，《最高人民法院关于民事诉讼证据的若干规定》第 2 条，《中华人民共和国民事诉讼法》第 64 条、第 142 条的规定，判决如下：

1. 被告（反诉原告）浙江金巢包装有限公司于本判决生效之日起 10 日内支付原告（反诉被告）浙江华匠建设有限公司工程款

3，520，000元；

2. 原告（反诉被告）浙江华匠建设有限公司就被告（反诉原告）浙江金巢包装有限公司2#厂房工程折价或者拍卖的价款在5，870，000元内享有建设工程优先权；

3. 驳回被告（反诉原告）浙江金巢包装有限公司的反诉请求。

## 四、建设工程款给付之诉与建设工程优先权确认之诉的关系

**【基本观点】**

建设工程款给付之诉是建设工程优先权确认之诉的基础和前提。

**【观点解读】**

建设工程款给付之诉的请求权基础是承包人对建设工程的工程款享有债权。该债权是建设工程优先受偿权成立的基础性债权。建设工程优先权确认之诉是对主体是否享有建设工程优先受偿权的认定，属于确认之诉。基于民诉中处分原则的要求，原告必须在其诉讼过程中主张享有优先权，否则法院并不会主动将相关法律规定予以适用。由此，法院不会主动援用建设工程价款的优先受偿权进行判决，除非当事人主动向法院主张该项权利。虽然建设工程优先权确认之诉须有当事人之诉求，法院方能为之，但是其前提和基础是建设工程优先受偿权的条件必须成就，即必须存在建设工程优先受偿权的基础性债权。因此，建设工程款给付之诉是建设工程优先权确认之诉的基础和前提。

在此，要特别区分“建设工程欠款确认之诉”和“建设工程优先权确认之诉”。二者在表述上虽然非常相似，也都属于确认之诉，但确认的内容却不相同，应当予以明确区分。

**【实务中应注意的问题】**

如果当事人自行达成协议，就工程欠款、利息单独确认工程款优先权，法院不得仅审查工程款优先权范围的工程款、利息数额是否正确，还要附带审查协议是否违反法律强制性规定，或是否侵害了第三人的利益。因为建设工程优先权在效力上优先于抵押权，建设工程优先权的确认和实现会影响其后一系列一般债权人抵押权的实现，甚至可能导致其抵押权不能实现，财产受到损失。为防止建设工程优先权的权利人恶意串通损害第三人利益，法院应当充分审查确认协议的合法性，以防止第三人利益受到损害。

**【典型案例 7.4】**

## 陕西西岳山庄有限公司与中建三局建发工程有限公司、中建三局第三建设工程有限责任公司建设工程施工合同纠纷案[1]

**基本案情：**一审原告建发公司认为西岳山庄违反合同约定，拖欠工程款并造成窝工损失，遂向一审法院提起诉讼，请求：(1) 依法判令西岳山庄依约支付拖欠建发公司工程款及窝工损失共计23，213，450元；(2) 由西岳山庄承担本案的诉讼费、保全费及律师费用等全部诉讼费用；(3) 建发公司对所承接的工程依法享有优先受偿权。

一审被告西岳山庄提起反诉，认为三公司违反合同约定，迟延交付涉案工程，给西岳山庄造成了经济损失，请求依法判令建发公司与三公司：(1) 向西岳山庄赔偿拖延工期罚金1，552，460元；(2) 赔偿西岳山庄额外支出的工程款1，472，921元；(3) 赔偿西岳山庄因工程拖延交付使用造成的不能营业的经济损失8，558，237元；(4) 承

〔1〕 参见最高人民法院 (2007) 民一终字第10号民事判决书，载《最高人民法院公报》2007年第12期。

担本案全部诉讼费用。

**裁判主旨：**一审法院判决：（1）自该判决生效之日起30日内，西岳山庄支付建发公司工程款9，719，565.73元；（2）建发公司在西岳山庄欠付的工程款范围内，对该工程享有优先受偿权；（3）驳回建发公司的其余诉讼请求；（4）驳回西岳山庄的反诉请求。一审案件受理费126，077.25元，鉴定费16.5万元，共计291，077.25元由建发公司承担174，646.35元，西岳山庄承担116，430.90元；反诉费67，928.08元，由西岳山庄公司承担；诉讼保全费109，738元，由建发公司承担。

二审法院认为，三公司向建发公司转让债权合法有效，建发公司具有诉讼主体资格。西岳山庄与三公司在履行《施工合同》过程中均有违约行为，对工程延期完工均有责任。但由于西岳山庄违约在先，并长期拖欠工程款，也不存在额外支出，故对西岳山庄的反诉请求，一审法院不予支持是正确的。鉴于《施工合同》确已无法履行，三公司依约有权解除合同。合同解除后，未履行的部分不再履行。由于《施工合同》约定的工程保质期已过，质保金不再从工程款中扣除。建发公司基于债权受让，在合同解除前已提起诉讼，对涉案工程享有优先受偿权。原判决认定事实基本清楚，适用法律正确。二审中，建发公司提出在本案执行阶段放弃20万元文明工地定额费用，并在申请执行时予以扣除，依法应予准许。依据《中华人民共和国民事诉讼法》第153条第1款第1项之规定，二审判决：驳回上诉，维持原判。逾期不履行判决确定的金钱给付义务，应当依照《中华人民共和国民事诉讼法》第232条的规定，加倍支付迟延履行期间的债务利息。

## 五、建设工程优先权是否成立及担保债权数额能否通过调解方式确定?

**【基本观点】**

建设工程优先权是否成立及担保债权数额原则上不能通过调解方式确定。

**【观点解读】**

《合同法》第286条的规定以及《批复》第1条规定，当承包人的优先受偿权与其他债权人的抵押权冲突时，建设工程的承包人就建设工程的拍卖或折价款项优先受偿。如果允许就建设工程优先权是否成立及担保债权数额通过调解的方式确定，则使得建设工程优先权范围及数额的确定具有极大的随意性，这与“优先权”本身的法定性不相适应。此外，以调解方式确定优先权是否成立及债权担保的数额，必然存在承包人与发包人之间的博弈和妥协，还可能存在双方恶意串通的情况，此时就必然侵害了其他债权人担保物权的实现。

因此，建设工程优先权是否成立及担保债权数额原则上不能通过调解方式确定。

**【实务中应注意的问题】**

1. 当事人在庭外就建设工程优先权及担保债权数额自行达成调解协议，请求法院审查、确认的，法院原则上应当不予确认。

2. 当事人当庭要求法院就建设工程优先权及担保债权数额进行调

解时，法院原则上应当不予调解。[1]

【典型案例 7.5】

## 云南某某建设集团有限公司诉云南某某集团畹町某某水泥有限公司建设工程价款优先受偿权纠纷案[2]

2010 年 3 月 9 日，原告与被告签订《建设工程施工合同》，约定由原告承建被告新建的 2500t/d 水泥熟料生产线土建工程。合同签订后原告按照合同约定进行施工，但被告一直没有按照合同约定付款。2012 年 1 月 9 日，原被告双方就前期工程（已完桩基工程）及后期工程履约的相关事宜协商一致签订了《补充协议》，但被告没有按照《补充协议》约定支付桩基工程款。2012 年 11 月 11 日，原、被告双方再次就桩基工程款支付、后期工程履行等相关事宜达成《补充协议(2)》，但被告依然没有按照《补充协议（2)》的约定支付工程款。原告多次催告但均无果后，于 2013 年 6 月 17 日向德宏傣族景颇族自治州中级人民法院起诉要求被告支付拖欠的桩基工程款。该案起诉后在法院的主持下双方达成了（2013）德民二初字第 26 号民事调解书。该调解书第一项内容为“双方确认截至 2013 年 9 月 23 日被告尚欠原告承建的‘2500t/d 水泥熟料生产线土建工程’的桩基工程款 1500 万元人民币。被告承诺在 2013 年 10 月 31 日前支付上述工程款。”鉴于法院认为原告要求确认 1500 万元桩基工程款享有优先受偿权的请求尚不成就，故不同意在（2013）德民二初字第 26 号民事调解书中确认原告对该工程款享有优先受偿权。

---

〔1〕《最高人民法院关于人民法院民事调解工作若干问题的规定》第 12 条规定：“调解协议具有下列情形之一的，人民法院不予确认：（一）侵害国家利益、社会公共利益的；（二）侵害案外人利益的；（三）违背当事人真实意思的；（四）违反法律、行政法规禁止性规定的。”

〔2〕云南省德宏傣族景颇族自治州中级人民法院（2015）德民二初字第 33 号民事判决书。

# 第八章

# 建设工程优先受偿权与消费者购房优先权等相关权利的顺位问题

◇ 陈　旻*

## 一、建设工程价款优先权、消费者购房优先权、抵押权的权利顺位

**【基本观点】**

在同一建设工程上发生权利冲突时，应当根据消费者购房优先权、建设工程价款优先权、抵押权的顺序确定权利顺位。

**【观点解读】**

《最高人民法院关于建设工程价款优先受偿权问题的批复》（法释〔2002〕16 号，以下简称《批复》）规定："一、人民法院在审理房地产纠纷案件和办理执行案件中，应当依照《中华人民共和国合同法》第二百八十六条的规定，认定建筑工程的承包人的优先受偿权优于抵押权和其他债权。二、消费者交付购买商品房的全部或者大部分款项后，承包人就该商品房享有的工程价款优先受偿权不得对抗买受人。"

---

* 陈旻，北京市金杜律师事务所合伙人，原北京市高级人民法院民一庭法官。

建设工程价款优先权与不动产约定抵押权、消费者购房优先权等其他权利发生冲突时，应当如何确定权利顺位？

（一）建设工程价款优先权与不动产约定抵押权的冲突

在同一建设工程上同时并存有建设工程价款优先权与不动产约定抵押权时，何者效力优先？就学理而言，建设工程价款优先权与抵押权同属担保物权，物权间的优先效力一般以“时间在先、权利在先”为原则，即以成立时间的先后决定效力的先后。唯此原则的一项例外为费用性担保物权（指以担保因保存或增加标的物价值所生债权为目的者而言）优先于融资性担保物权（指以担保因融资所生之债权为目的者而言）。关于就标的物，施予劳务、技术或供给材料，保全该标的物或增加其价值所生之债权，法律常赋予担保物权，特别予以保障，此种法定担保物权，虽发生在后，通常亦予优先一般担保物权之效力。[1] 盖若无保存及使标的物增值之行为，则标的物价值将致减损，融资性担保物权势将难以实现。为标的物保存及增值所生之债权，实乃为全体物权人利益而生，故应有优先受偿的权利。建设工程价款优先权所担保之债权乃因新建、保存或增益标的物之价值而生，性质上属于费用性担保物权，故理论上应优先于抵押权等融资性担保物权。但实际上，其他国家和地区立法例均要求建设工程承揽人在签订合同后就工程款债权办理登记公示手续，登记后方能发生物权的法

〔1〕 参见谢在全：《民法物权论》（上册），中国政法大学出版社 1999 年版，第 33～34 页。

律效力,[1] 即使是已经登记的建设工程价款优先权,亦不具有当然优先之效力。

依据我国《合同法》的规定,建设工程价款优先权无须登记即生法律效力,实际上也无法办理登记手续,并且该制度的价值又在于保护农民工的劳动报酬,该立法意图和制度设计也决定了建设工程价款优先权应当优先于不动产约定抵押权。如梁慧星教授即认为:“在发生法定抵押权与约定抵押权并存的情形时,无论约定抵押权发生在前或在后,法定抵押权均应优先于约定抵押权行使。主要理由是:一、法定权利应当优先于约定权利;二、从法律政策上考虑,法定抵押权所担保的债权中相当部分是建筑工人的劳动工资,应予优先确保;三、建设工程是靠承包人付出劳动和垫付资金建造的,如果允许约定抵押权优先行使,则无异于以承包人的资金清偿发包人的债务,等于

---

[1] 法国《民法典》第2106条规定:“不动产的优先权非经法定方式登记于抵押登记机关的登记簿册者,在债权人间,不发生效力,且登记效力仅自登记之日起发生,次条规定为唯一例外。”日本《民法典》第338条第1项关于不动产工事先取特权的保存规定:“不动产工事的先取特权,因于工事开始登记其费用预算额,而保存其效力。但是,工事费用超过预算额时,先取特权不就其超额存在。”德国《民法典》第648条第1项对建筑承揽人的担保性抵押权进行了规定:“建筑物或其一部分之承揽人就其自契约所生之债权,得请求对定作人之该建筑基地设定抵押权担保之。其工作未完成者,就与已完成部分相当之报酬及未包含于该报酬中之垫款得请求设定抵押权担保之。”瑞士《民法典》第839条对不动产法定抵押权的登记问题进行了详细规定:“1. 职工及承包人的法定抵押权,自发生给付劳务义务时起,在不动产登记簿上登记。2. 前款情形,法定抵押权最迟须在劳务义务终止后的三个月内登记。3. 登记,仅在债权为所有人承认或经法院确定后,始得进行。但所有人对申请登记的债权已提供充分担保时,不在此限。”2000年5月5日起施行的我国台湾地区“民法”债编修正条文将第513条修正为:“承揽之工作为建筑物或其他土地上之工作物,或为此等工作物之重大修缮者,承揽人得就承揽关系报酬额,对于其工作所附之定作人之不动产,请求定作人为抵押权之登记;或对于将来完成之定作人之不动产,请求预为抵押权之登记。前项请求,承揽人于开始工作前亦得为之。前两项之抵押权登记,如承揽契约已经公证者,承揽人得单独申请之。第一项及第二项就修缮报酬所登记之抵押权,于工作物因修缮所增加之价值限度内,优先于成立在先之抵押权。”

发包人将自己的欠债转嫁给属于第三人之承包人，违背公平及诚实信用原则；四、承包人法定抵押权，是法律为保护承包人的利益而特别赋予的权利，具有保护劳动者利益和鼓励建筑、创造社会财富的政策目的。"〔1〕 最高人民法院也采取了上述依担保物权的性质确定效力的原则，即“法定物权优先于约定物权”、“费用性担保物权优先于融资性担保物权”。该《批复》第1条规定，“建筑工程的承包人的优先受偿权优于抵押权和其他债权。”虽然该规定有损害交易安全之嫌，与《物权法》第199条规定的“多个抵押权的效力优先原则”也不无抵触之处，但在司法实践中对此并不存在争议。

其后，《最高人民法院关于人民法院办理执行异议和复议案件若干问题的规定》（法释〔2015〕10号）第27条也采纳了上述观点，规定：“申请执行人对执行标的依法享有对抗案外人的担保物权等优先受偿权，人民法院对案外人提出的排除执行异议不予支持，但法律、司法解释另有规定的除外。”这里的“法律、司法解释另有规定的除外”即包括了《合同法》第286条规定的建设工程价款优先权。换言之，承包人以其享有建设工程价款优先权为由提出执行异议的，可以对抗申请执行人的不动产约定抵押权。

应注意的是，实务中出现了发包人与承包人恶意串通，以虚假的工程款债权对抗银行等抵押权人的抵押债权的情形，银行等抵押权人认为发包人与承包人存在恶意串通损害其利益的行为，应当如何救济？如果承发包双方通过签订结算协议的方式确定工程欠款数额及优先受偿范围，银行等抵押权人可以依据《合同法》第52条第2项恶意串通损害第三人利益之规定直接提起诉讼要求确认结算协议无效；如果承发包双方通过法院裁判或调解的方式确定工程欠款数额及优先受偿范

〔1〕 梁慧星：《合同法第二百八十六条的权利性质及其适用》，载《人民法院报》2000年12月1日，第3版。

围，银行等抵押权人可以依据《民事诉讼法》第56条第3款的规定提起第三人撤销之诉，要求撤销法院的生效法律文书，以保护其合法权益。当然，实践中银行等抵押权人作为建设工程施工合同之外的第三人，很难就发包人与承包人恶意串通的事实提供充分证据，胜诉难度很大。

（二）建设工程价款优先权与消费者购房优先权的冲突

最高人民法院《批复》第2条规定："消费者交付购买商品房的全部或者大部分款项后，承包人就该商品房享有的工程价款优先受偿权不得对抗买受人。"该条在司法实践中被称为弱者保护原则，制定该条主要理由为：消费者购买房屋的目的是用于自身居住，特别是目前房价居高不下的情况下，许多消费者是穷其一生的收入和积蓄购买居住之所，其购房的利益属于生存利益，是最基本的人权，而承包人的利益属于经营利益，两相比较，消费者的生存利益、基本人权应当优先，承包人的经营利益应退居其次。更何况如果允许承包人行使优先受偿权，无异于用消费者的资金清偿发包人的债务，等于发包人将自己的债务转嫁给广大消费者，严重违背特殊保护消费者的法律政策。[1] 该观点为司法实践的通说，并为很多学者所赞同，承包人的建设工程价款优先权不能对抗消费者的购房优先权。

（三）建设工程价款优先权与不动产约定抵押权、消费者购房优先权三者之间的冲突

实践中经常出现在同一工程上同时存在建设工程价款优先权、不动产约定抵押权以及消费者购房优先权三种权利并存的情形，应当如何处理？司法实践的通说是应当按购房消费者、承包人、抵押权人的顺序确定权利顺位。其主要理由为：一是最高人民法院《批复》第1

〔1〕参见杨永清：《建设工程价款优先受偿权司法解释的理解与适用——兼谈与该权利有关的几个重要问题》，载《判解研究》（2002年第3辑），人民法院出版社2002年版。

条规定，建设工程价款优先权优先于抵押权人的约定抵押权，《批复》第 2 条规定，建设工程价款优先权不能对抗消费者的权利。两条规定在逻辑上呈现典型的传递法律关系，即如果 A > B，B > C 成立，则 A > B > C 成立。据此，在三者发生冲突时，应当按照购房消费者、承包人、抵押权人的顺位进行排序。二是从该批复的制定背景出发，消费者的权益是生存权，应当绝对优先，承包人的利益属于经营利益，应退居其次，但其又涉及建筑工人工资的保护问题，故应优先于银行等抵押权人。如《重庆市高级人民法院关于对最高人民法院〈关于建设工程价款优先受偿权问题的批复〉应如何理解的意见》（渝高法〔2003〕48 号）规定："从该批复第一条、第二条的文意理解，应按购房消费者、承包人、抵押权人的顺序享有优先权，故购房消费者与抵押权人利益出现冲突时，人民法院应优先保护购房消费者的利益。"

**【典型案例 8.1】**

## 江苏淮阴建设工程集团有限公司诉江苏鸿洲置业有限公司建设工程施工合同纠纷案[1]

法院认为：《最高人民法院关于建设工程价款优先受偿权问题的批复》第 2 条规定，消费者交付购买商品房的全部或者大部分款项后，承包人就该商品房享有的工程价款优先受偿权不得对抗买受人。鸿洲置业公司将清河城市广场 3 号楼 912 号房屋出售给王敬香，王敬香在付清购房款并缴纳购房契税后，未及时到市住建局办理备案手续，致使异议人购买的商品房被法院查封，异议人王敬香没有过错。本案调解书中虽然明确了淮建公司在其所承建的清河城市广场 1 ~5 号楼工程拍卖、变卖的工程款范围内享有优先受偿权，但不得对抗买受人王敬香。《最高人民法院、国土资源部、建设部关于依法规范人民法院

[1] 参见江苏省淮安市中级人民法院（2015）淮中执异字第 00058 号执行裁定书。

执行和国土资源房地产管理部门协助执行若干问题的通知》第15条第1项规定，作为被执行人的房地产开发企业，已办理了商品房预售许可证且尚未出售的房屋，人民法院可以进行预查封。法院查封鸿洲置业公司已出售给王敬香的912号房屋不符合该规定。王敬香的异议理由成立，法院予以支持。

## 二、消费者购房优先权的性质及行使条件

**【基本观点】**

消费者购房优先权性质上宜属于优先权的范畴，行使条件可以参照《最高人民法院关于人民法院办理执行异议和复议案件若干问题的规定》第29条的规定予以确定。

**【观点解读】**

（一）消费者购房优先权的性质

关于消费者购房权的性质如何界定的问题，司法实践中的通说认为，依据物权法的规定，不动产物权变动未经登记不发生法律效力，购房消费者未办理房屋过户登记，尚未取得物权法意义上的物权，但其对房屋享有的已不是普通债权，而非常接近于物权，因此可以将其称为准物权或物权期待权。

笔者认为，从解释论的意义上讲，消费者购房请求权在性质上属于法定优先权。其主要理由有：一是依据不动产物权变动的原则，房屋买受人依据房屋买卖合同享有的要求办理房屋过户的权利，在性质上属于债权请求权，而不属于物权，购房消费者也属于房屋买受人的一种，本应适用于同一规则，但由于消费者的购房权利涉及其生存利益，属于基本人权，因此基于维护社会公平和保护弱势群体的需要，赋予购房消费者一种优先的特殊权利，这符合优先权制度设定的目的

和特征。二是依据该《批复》，消费者购房请求权不仅优先于普通债权，还优先于作为物权的抵押权和作为法定优先权的建设工程价款优先权，这在民法理论的权利顺位排序中只有基于某种特殊立法政策需要设置的法定优先权始足当之，准物权甚至所有权均不具有这样的权利顺位。三是民法理论中的准物权一般是指矿业权、水权、渔业权等客体为自然资源的权利，物权期待权一般是指已经办理了预告登记的债权请求权等，消费者购房请求权显然不具备这样的特征。四是消费者购房请求权的特殊性在于其权利主体是消费者，而不要求其支付全部购房款、实际占有房屋、对未办理房屋过户不存在过错等条件，离其取得所有权相去甚远。五是如果将消费者享有的权利认定为接近于物权的特殊债权，而抵押权在性质上属于担保物权。《物权法》第179条第1款规定："为担保债务的履行，债务人或者第三人不转移财产的占有，将该财产抵押给债权人的，债务人不履行到期债务或者发生当事人约定的实现抵押权的情形，债权人有权就该财产优先受偿。"依该规定及"物权优先于债权"的基本原则，消费者的权利不能对抗抵押权，抵押权人有权就抵押房屋行使抵押权并优先受偿。这与实践中的多数观点是冲突的。当然，从理论上讲，优先权应当由法律设定，最高人民法院的《批复》显然无权设定法定优先权，客观上也导致了实践中适用的混乱，应当在以后的立法或司法解释的修订中予以纠正。

（二）消费者购房优先权的行使条件

关于消费者购房优先权的行使条件，最高人民法院《批复》第2条规定，消费者交付购买商品房的全部或者大部分款项可以对抗承包人的建设工程价款优先权。其后，《最高人民法院关于人民法院办理执行异议和复议案件若干问题的规定》第29条规定："金钱债权执行中，买受人对登记在被执行的房地产开发企业名下的商品房提出异议，符合下列情形且其权利能够排除执行的，人民法院应予支持：（一）在人民法院查封之前已签订合法有效的书面买卖合同；（二）所购商品房系用于居住且买受人名下无其他用于居住的房屋；（三）已支付的价款超过合同约定总价款的百分之五十。”该规定虽然是就执行异议过程中消费者购房优先权与普通金钱债权冲突时如何处理进行规范，但该规定是从前述最高法院《批复》中推论而来的，实践中可以参照使用。具体条件如下：

1. 权利主体是购房消费者。《批复》第2条中“消费者”的含义与《消费者权益保护法》中的“消费者”的含义基本相同。根据该法第2条的规定：“消费者为生活消费需要购买、使用或者接受服务，其权益受消费者权益保护法的保护。”前述司法解释中也强调消费者购买房屋是用于居住且其名下无其他用于居住的房屋。司法实践中对此基本形成了以购买房屋的性质作为判断的客观标准，如果买受人所购房屋的性质为居住用房，则认定为消费者，如果所购房屋为商铺等经营性用房，则不认为是消费者。这里的“用于居住”应做宽泛理解，不管是单纯的居住房还是商住两用住房，只要有居住功能，即应视为用于居住的房屋。这里的“无其他用于居住的房屋”，是指买受人在购买的房屋所在地长期居住，而在同一地点其名下无其他能够用于居住的房屋。[1] 因此，为生活居住需要购买商品房且名下无其他住房的自然人才是批复中的“消费者”，为投资经营需要而购买商品房或者名下还有其他住房的买受人不属于《批复》中所称的“消费者”，如购买二套房、商铺的自然人即不属于“消费者”，购买房屋的法人、非法人组织也不属于“消费者”。

2. 消费者购房优先权指向的标的必须是从房地产开发商处购买的商品房。《批复》中的消费者是相对于经营者而言的，只有从经营者处购买商品的人才能成为消费者，因此，这里的消费者只能是从房地

---

〔1〕 参见江必新、刘贵祥主编：《最高人民法院关于人民法院办理执行异议和复议案件若干问题规定理解与适用》，人民法院出版社2015年版，第433页。

产开发商处购买一手商品房的买受人，购买的房屋只能是房地产开发商开发的商品房，购买二手房、经济适用房、小产权房的买受人均不能适用该《批复》。当然，如前述消费者购房优先权保护的依据在于消费者享有生存利益，依此逻辑二手房、经济适用住房、两限房、小产权房等其他类型房屋的买受人对房屋享有的生存利益也应当得到同等保护，更何况相比于商品房的买受人，经济适用住房等类型房屋的买受人经济条件更差，购房更体现其生存利益，依举轻以明重之理似更应得到保护，因此该司法解释将商品房之外的房屋买受人排除在优先保护范围之外并不符合同样情形同样保护的法理。

3. 消费者与房地产开发商之间存在合法有效的商品房买卖合同关系。双方之间的商品房买卖合同必须是合法有效的，如果合同存在《合同法》第 52 条规定的无效情形，则消费者并不享有要求办理房屋过户登记的权利，也就不存在是否优先于建设工程价款优先权的问题。并且，商品房买卖法律关系中分为预约和本约，预约是当事人约定将来一定期限内签订正式商品房买卖合同的协议，消费者依据预约协议享有的是要求将来订立正式合同的权利，而不享有购房优先权，因此这里的商品房买卖合同仅指本约，而不包括预约。

4. 消费者已支付了全部或大部分购房款，且能支付购房尾款。这里的大部分购房款一般理解为超过全部购房款的二分之一，并且，消费者支付 50% 以上的购房款既包括消费者以自有资金支付，也包括消费者通过银行按揭贷款的方式，由贷款银行直接向开发商支付。消费者只需支付 50% 以上的购房款即就可以对抗建设工程价款优先权，其是否办理预告登记、预售合同备案登记及实际占有房屋、对未办理房屋过户是否存在过错均不影响其权利。购房消费者应当对于上述事实承担举证责任。

**【典型案例 8.2】**

## 宋宇与北京盛和发房地产开发有限公司、广东粤财投资控股有限公司、北京城乡建设集团有限责任公司商品房预售合同纠纷案[1]

原审法院认为：买受人与开发商均主张双方之间存在真实有效的商品房买卖关系，并依据《最高人民法院关于建设工程价款优先受偿权问题的批复》第2条“消费者交付购买商品房的全部或者大部分款项后，承包人就该商品房享有的工程价款优先受偿权不得对抗买受人”的规定，对抗承包人建设工程价款请求权，但在签订购房合同、支付购房款等重要事实上存在众多疑点，双方多次陈述不一、前后矛盾，据以认定双方之间存在真实的商品房买卖关系的依据明显不足。在此情况下，买受人请求开发商按照商品房买卖合同约定，办理房屋过户登记的，应予驳回。

最高法院再审认为：案涉商品房买卖关系是否真实存在是本案争议的关键所在。本案商品房买卖关系明显与同类的正常交易不符。虽然盛和发公司与宋宇在诉讼中均主张双方之间存在真实有效的商品房买卖关系，但对签订购房合同、支付购房款等重要事实，宋宇多次陈述不一、前后矛盾。在存在上述众多疑点的情况下，认定宋宇与盛和发公司之间存在真实商品房买卖关系，依据明显不足。原审判决认定宋宇与盛和发公司之间不存在真实的商品房买卖关系，并无不当，法院予以维持。

---

[1] 参见最高人民法院（2011）民提字第331号民事判决书。

**【典型案例 8.3】**

## 吴岳、窦艳群等申请承认与执行法院判决、仲裁裁决案[1]

一审法院认为：本案刘益成对其与第三人东泰公司签订的《商品房买卖合同》进行了商品房预告登记，该登记不具有物权登记的法律效力，刘益成并未取得涉案商铺的所有权。刘益成虽签订房屋买卖合同，但其购房的目的是投资经营，不构成《最高人民法院关于建设工程价款优先受偿权问题的批复》第 2 条所指称的“消费者”，不享有消费者优先权。刘益成虽签订房屋买卖合同，但其并未实际占有涉案商铺，不享有《最高人民法院关于人民法院民事执行中查封、扣押、冻结财产的规定》第 17 条所规定的排除强制执行的实体权利。故刘益成不具备阻止人民法院依法强制执行涉案商铺的条件，国盛公司要求继续强制执行涉案商铺于法有据，予以支持。二审法院驳回上诉，维持一审判决，判决理由与一审判决基本一致。

再审法院认为：刘益成不享有消费者优先权。根据《消费者权益保护法》第 2 条的规定，消费者仅指生活消费，故《最高人民法院关于建设工程价款优先受偿权问题的批复》第 2 条所指称的“消费者”，亦为生活消费。刘益成虽签订有《商品房买卖合同》，但其真实意思表示为通过借贷获得利益，不能认定为“消费者”。因此，刘益成不构成《最高人民法院关于建设工程价款优先受偿权问题的批复》第 2 条所指称的“消费者”，不享有消费者优先权。

---

[1] 参见海南省高级人民法院（2016）琼民再字第 10 号民事判决书。

【典型案例8.4】

## 重庆市巴南区诚通小额贷款股份有限公司等诉重庆诚全置业（集团）有限公司等执行效力公证债权文书案[1]

法院认为：案外人叶嗣广、杨盛容在法院查封诚全置业公司所有的位于重庆市荣昌县昌州街道昌龙大道138号某号房屋前，已与诚全置业公司签订《重庆市商品房买卖合同》，购买了上述房屋。虽然叶嗣广、杨盛容另有一套集体土地房屋，但该房屋附着在农村的集体土地使用权上，不能随意转让、流通，而本案异议房屋在性质上属于商品房，具有较好的居住条件和较高的经济价值，因此叶嗣广、杨盛容为改善自身生活需要而购买上述房屋，仍应将其视为购房消费者。根据《最高人民法院关于人民法院办理执行异议和复议案件若干问题的规定》第29条的规定："金钱债权执行中，买受人对登记在被执行的房地产开发企业名下的商品房提出异议，符合下列情形且其权利能够排除执行的，人民法院应予支持：（一）在人民法院查封之前已签订合法有效的书面买卖合同；（二）所购商品房系用于居住且买受人名下无其他用于居住的房屋；（三）已支付的价款超过合同约定总价款的百分之五十。"本案中，虽然叶嗣广、杨盛容在法院查封上述房屋前已签订购房合同，但其只支付了190，732元的购房款，剩余房款也未按照购房合同约定的方式办成银行按揭手续，因此其已支付的价款未超过购房合同约定的总价款420，732元的50%。综上，叶嗣广、杨盛容的异议理由不符合上述司法解释规定的情形，其对上述房屋不享有足以对抗执行的实体权益，其请求法院中止对上述房屋执行的异议理由不能成立。

---

〔1〕参见重庆市第五中级人民法院（2015）渝五中法执异字第00766号执行裁定书。

**【典型案例 8.5】**

## 郑春华诉河北天司福房地产开发有限公司等执行异议案[1]

法院认为：依据《最高人民法院关于人民法院办理执行异议和复议案件若干问题的规定》第 28 条的规定："金钱债权执行中，买受人对登记在被执行人名下的不动产提出异议，符合下列情形且其权利能够排除执行的，人民法院应予支持：（一）在人民法院查封之前已签订合法有效的书面买卖合同；（二）在人民法院查封之前已合法占有该不动产；（三）已支付全部价款，或者已按照合同约定支付部分价款且将剩余价款按照人民法院的要求交付执行；（四）非因买受人自身原因未办理过户登记。"及第 29 条的规定："金钱债权执行中，买受人对登记在被执行的房地产开发企业名下的商品房提出异议，符合下列情形且其权利能够排除执行的，人民法院应予支持：（一）在人民法院查封之前已签订合法有效的书面买卖合同；（二）所购商品房系用于居住且买受人名下无其他用于居住的房屋；（三）已支付的价款超过合同约定总价款的百分之五十。"异议人虽然在法院查封之前已经与被执行人河北天司福房地产开发有限公司签订了购房协议，但是，异议人不能提交其在执行法院采取查封措施之前已经合法占有该不动产的证据，法院无法认定异议人已经合法占有其购买的不动产的事实。况且，异议人所购买的本案争议的房屋系经营性用房，并非用于居住，因此，异议人的主张不符合司法解释的规定。综上，异议人的异议理由不成立，其异议请求法院不能支持。

---

〔1〕参见山东省青岛市中级人民法院（2015）青执异字第 273 号执行裁定书。

**【典型案例 8.6】**

## 中国中材东方国际贸易有限公司诉上海宝奥国际贸易有限公司等执行异议之诉案[1]

法院认为：《最高人民法院关于人民法院办理执行异议和复议案件若干问题的规定》第 29 条规定："金钱债权执行中，买受人对登记在被执行的房地产开发企业名下的商品房提出异议，符合下列情形且其权利能够排除执行的，人民法院应予支持：（一）在人民法院查封之前已经签订合法有效的书面买卖合同；（二）所购商品房系用于居住且买受人名下无其他用于居住的房屋；（三）已支付的价款超过合同约定总价款的百分之五十。"本案中，被执行人成都宝投公司系×××号房屋的开发企业，陶治林、苏蔚、陶锐与成都宝投公司在法院查封之前已经签订了《商品房买卖合同》，并支付了全部购房款购买×××号房屋用于自住，且无其他证据证明案外人陶治林、苏蔚、陶锐名下有其他用于居住的房屋。故陶治林、苏蔚、陶锐所提异议请求符合相关法律规定，法院予以支持。

## 三、消费者请求返还已付购房款的权利与建设工程价款优先权的顺位

**【基本观点】**

消费者请求返还已付购房款的权利与消费者购房优先权虽权利性质有所不同，但基于保护消费者生存利益的同样目的，在权利顺位上应当优先于建设工程价款优先权。

---

〔1〕 参见北京市海淀区人民法院（2015）一中执异字第 399 号执行裁定书。

【观点解读】

依最高人民法院《批复》第2条的规定，消费者请求继续履行商品房合同，办理房屋过户登记的权利，即消费者购房优先权应当优先于建设工程价款优先权。但是，如果商品房买卖合同因违反法律强制性规定被认定为无效，或者合同因开发商违约解除，消费者对开发商享有的请求返还购房款的债权，是否能对抗承包人的建设工程价款优先权，则存在争议。

有观点认为，消费者与开发商签订的商品房买卖合同因违反法律强制性规定而溯及自始无效，消费者因此享有的请求返还已付购房款的债权属于普通债权，与消费者的原债权不具有同一性，不能对抗建设工程价款优先权。而消费者因开发商根本违约解除商品房买卖合同，并非溯及性的使合同消灭，只是变更了合同的债之内容，债之内容变更为清算关系。消费者因此享有的请求返还已付购房款的债权，与本来的债之关系仍然具有同一性，可以对抗承包人的建设工程价款优先权。

笔者认为，该观点有其法理依据，但最高人民法院《批复》的目的在于对消费者生存利益的优先保护，消费者穷其毕生收入和积蓄购买房屋，在发生争议后无论是其要求办理房屋过户登记，还是要求退还已付购房款，均是其行使权利的具体体现，得到房屋抑或退还已付购房款均是其生存所必需，故应当给予同样的保护。特别是在消费者自身不存在过错，因开发商原因导致合同解除或无效，消费者被迫要求返还购房款的情形下，如果将消费者的该权利视为普通债权，对消费者无疑十分不公，显然不符合最高人民法院《批复》的精神和目的。因此，在商品房买卖合同无效或解除的情况下，消费者要求返还购房款的债权也应当优先于建设工程价款优先权。《最高人民法院针对山东省高级人民法院就处置济南彩石山庄房屋买卖合同纠纷案请示的答复》（〔2014〕执他字第23、24号）中基本持上述观点，理由有二：一是《批复》第1、2条明确规定了房屋买受人的权利优先于建设工程承包人的优先受偿权与抵押人的抵押权，体现了优先保护处于相对弱势地位的房屋买受人的精神。二是《批复》第2条“承包人的工程价款优先受偿权不得对抗买受人”的规定，应当理解为既不得对抗买受人在房屋建成情况下的房屋交付请求权，也不得对抗买受人在房屋未建成等情况下的购房款返还请求权。

当然，这里主张返还购房款优先保护的消费者，其权利行使条件应当与前述购房优先权消费者做相同要求，即应当符合《最高人民法院关于人民法院办理执行异议和复议案件若干问题的规定》第29条的规定。

**【典型案例8.7】**

## 董佳瑜、陶传孝与惠州市名人实业发展有限公司商品房预售合同纠纷案[1]

法院认为：根据《最高人民法院关于建设工程价款优先受偿权问题的批复》（法释〔2002〕16号）“……经研究，答复如下：一、人民法院在审理房地产纠纷案件和办理执行案件中，应当依照《中华人民共和国合同法》第二百八十六条的规定，认定建筑工程的承包人的优先受偿权优于抵押权和其他债权。二、消费者交付购买商品房的全部或者大部分款项后，承包人就该商品房享有的工程价款优先受偿权不得对抗买受人。三、建筑工程价款包括承包人为建设工程应当支付的工作人员报酬、材料款等实际支出的费用，不包括承包人因发包人违约所造成的损失。四、建设工程承包人行使优先权的期限为六个月，自建设工程竣工之日或者建设工程合同约定的竣工之日起计算。五、本批复第一条至第三条自公布之日起施行，第四条自公布之日起

〔1〕 参见广东省惠州市惠阳区人民法院（2014）惠阳法民一初字第874号民事判决书。

六个月后施行。”原告诉请已付购房款170，134元优先于建设工程款和抵押权受偿，于法有据，应予支持。被告经法院合法传唤无正当理由拒不到庭，视为放弃权利，应以缺席论处。依照《中华人民共和国合同法》第60条、第94条，《最高人民法院关于审理商品房买卖合同纠纷案件适用法律若干问题的解释》第8条，《中华人民共和国民事诉讼法》第142条、第144条的规定，判决如下：(1) 解除原告董某某、原告陶某某与被告惠州市名人实业发展有限公司签订的《商品房买卖合同》及《补充协议》、《分期付款协议书》。(2) 被告惠州市名人实业发展有限公司应于判决发生法律效力之日起30日内退回原告董某某、陶某某返还购房款170，134元、维修基金3398元、预告登记费80元，合计173，612元及利息［利息以30，000元为基数，按照中国人民银行同期同类贷款利率从2012年8月26日起计至付清款日为止；利息以93，612元为基数（定金20，000元+首期款70，134元+维修基金3398元+预告登记费80元），按照中国人民银行同期同类贷款利率从2012年9月29日起计至付清款日为止；利息以10，000元为基数，按照中国人民银行同期同类贷款利率从2012年10月19日起计至付清款日为止；利息以20，000元为基数，按照中国人民银行同期同类贷款利率从2012年11月15日起计至付清款日为止；利息以20，000元为基数，按照中国人民银行同期同类贷款利率从2013年1月16日起计至付清款日为止］。(3) 被告惠州市名人实业发展有限公司应于判决发生法律效力之日起30日内赔偿原告董某某、陶某某已付购房款的一倍即170，134元。(4) 原告董某某、陶某某在购房款170，134元范围内对位于惠州市惠阳区淡水土湖白云坑金惠大道旁山水名人花园×幢×层××号房享有价款优先受偿权。

【典型案例8.8】

## 谢长志与葛祥顺、广德瑞达房地产开发有限公司、广德国际大酒店有限公司破产债权确认纠纷案[1]

法院认为：本案的争议焦点是葛祥顺的大酒店购房款是否具有优先受偿权。葛祥顺与大酒店公司签订的《房屋转让合同》真实有效，葛祥顺已经支付了全部购房款，虽然该房屋尚未办理产权证，但是这并不影响葛祥顺购房者的身份和权益。根据相关法律规定，消费者交付购买商品房的全部或者大部分款项后，承包人就该商品房享有的工程价款优先受偿权不得对抗买受人，而建筑工程的承包人工程款享有优先权，故消费者购房款更享有优先权。从法律意义上讲，消费者应该是为个人目的购买或使用商品和接受服务的社会成员。葛祥顺为了实现自己的经济利益购买了大酒店公司的房屋，其作为消费者支付的购房款应当享有优先权。综上，法院对谢长志的诉讼请求不予支持。

〔1〕 参见安徽省广德县人民法院（2014）广民二初字第00409号民事判决书。

# 第九章

# 建设工程优先受偿权与无过错房屋买受人过户权利的顺位问题

◇ 孙　巍[*]　吴　凡[**]　舒　曼[***]

## 一、两种权利的性质界定

### （一）学界争论

在讨论建设工程价款优先受偿权与无过错房屋买受人过户权利的顺位问题时，我们首先需要明确这两者的权利性质，用以辅助我们来理解与确定二者的权利顺位。

建设工程价款优先受偿权是由法律直接赋予建设工程承包人的权利，其法律依据为《合同法》第286条，该条规定："发包人未按照约定支付价款的，承包人可以催告发包人在合理期限内支付价款。发包人逾期不支付的，除按照建设工程的性质不宜折价、拍卖的以外，承包人可以与发包人协议将该工程折价，也可以申请人民法院将该工

---

* 孙巍，北京市中伦律师事务所合伙人律师。

** 吴凡，北京市中伦律师事务所律师。

*** 舒曼，北京市金杜律师事务所律师助理。

程依法拍卖。建设工程的价款就该工程折价或者拍卖的价款优先受偿。”对该权利的性质，学界一直存在争议，主要有如下三种观点：

1. 法定抵押权

持该种观点的学者以梁慧星教授为代表，他指出：该条文的立法出发点即为保留承包人的法定抵押权，而由于考虑到法律条文仅规定承包人享有法定抵押权，该法定抵押权的内容、效力如何实现仍有待于解释，不如直接规定其内容、效力和实现方式，更有利于法律适用。因此，法条以直接规定内容、效力及实现方式的条文表述，且在起草法律条文的相关工作会议上，有关学者也默认该条文是有关法定抵押权的规定。由立法过程可知，《合同法》第 286 条所规定的承包人的权利性质始终是指法定抵押权。[1]

2. 不动产留置权

持该种观点的学者认为，当发包人不按约支付工程价款，承包人可留置该工程，并以此优先受偿。[2]

3. 优先权

持该种观点的学者认为，承包人优先受偿权的性质既非留置权也非抵押权。留置权的标的物是动产，不动产抵押权应当以登记为生效要件。建设工程优先受偿权符合优先权的概念与立法原意，因此，该权利性质应为优先权。[3]

### （二）建设工程优先权性质界定

我们认为，《合同法》第 286 条所规定的承包人的优先受偿权的

---

〔1〕参见梁慧星：《合同法第二百八十六条的权利性质及其适用》，载《山西大学学报（哲学社会科学版）》2001 年第 3 期。

〔2〕参见江平主编：《中华人民共和国合同法精解》，中国政法大学出版社 1999 年版，第 223 页。

〔3〕参见徐杰、赵景文主编：《合同法教程》，法律出版社 2000 年版，第 486 页。

权利性质并非不动产留置权或法定抵押权，理由如下：

1. 该权利性质非不动产留置权

留置权说借鉴了承揽合同中，定作人不支付报酬时，承揽人可以对承揽物行使留置权的规定。而根据传统民法，建设工程也属于承揽合同，由此似乎可以认为建设工程价款优先受偿权之法律性质具有留置权的特征。[1] 但我国《物权法》与《担保法》明确规定，留置权是规定于动产之上的权利，建设工程价款优先受偿权的权利客体是在建工程，为不动产，不符合留置权的权利客体要求，因此不应当属于留置权。且留置权的成立以对留置物的现实占有为前提，但即便承包人将建设工程交给发包人，也不会影响其就建设工程价款优先受偿的权利，不需要对在建工程现实占有。由此可见，该权利性质不符合留置权的法律特征，不属于留置权。

2. 该权利性质并非法定抵押权

从我国目前的法律规定来看，建设工程价款优先受偿权不属于法定抵押权，理由如下：

（1）我国并无法定抵押权的明文规定

与优先权散见于特别法的规定不同，我国并无特别法对法定抵押权有所规定。在《合同法》颁布时，我国《物权法》尚未制定。如果说《合同法》第286条实质是法定抵押权，而当时因立法不足尚无明确规定的话，在其后所制定的《物权法》中也并无法定抵押权的规定。基于物权法定原则可见，我国并没有任何关于法定抵押权的制度设计。

（2）法定抵押权无法解释建设工程价款优先受偿权的特殊优先性

最高人民法院（以下简称最高院）出台的《最高人民法院关于建设工程价款优先受偿权问题的批复》（法释〔2002〕16号，以下简称

〔1〕参见罗世荣、刘薛：《论建设工程优先受偿权之法律性质》，载《高等建筑教育》2006年第3期。

《批复》）第1条规定："人民法院在审理房地产纠纷案件和办理执行案件中，应当依照《中华人民共和国合同法》第二百八十六条的规定，认定建筑工程的承包人的优先受偿权优于抵押权和其他债权。"这就表明，承包人的优先受偿权是优先于抵押权的，但法定抵押权并不当然的优先于其他抵押权。将承包人的优先受偿权视为法定抵押权，将无法解释它优先于其他抵押权的权利效力来源。而优先权的权利位阶设定即是优先于其他担保物权，无论是船舶优先权还是航空器优先权，都直接规定它们较抵押权与留置权更为优先。因此，法定抵押权的说法无法解释建设工程价款优先受偿权为何有优先于其他担保物权，尤其是优先于其他抵押权的效力。

（3）建设工程价款优先受偿权与我国现行抵押权制度有诸多不相吻合之处

我国现行不动产抵押权主要规定于《物权法》与《担保法》之中。比较我国的不动产抵押权与建设工程优先受偿权，可以发现二者有诸多不相吻合之处，例如：

《物权法》第182条规定："以建筑物抵押的，该建筑物占用范围内的建设用地使用权一并抵押。以建设用地使用权抵押的，该土地上的建筑物一并抵押。抵押人未依照前款规定一并抵押的，未抵押的财产视为一并抵押。"由此可见，不动产抵押权的客体是房地一体的，以建筑物进行抵押的，建设用地使用权必须随之一并抵押。但建设工程价款优先受偿权的权利客体仅局限于在建工程，并不及于其建设用地。[1] 具体表现在：当在建工程及其所及的土地使用权拍卖后，承包

[1] 参见最高人民法院民事审判第一庭：《合同法第二百八十六条规定的建设工程价款优先权的客体不及于建筑物所占用的建设用地使用权》，载奚晓明主编，最高人民法院民事审判第一庭编：《民事审判指导与参考》2010年第4集（总第44集），法律出版社2011年版，第208页。

人仅对其中在建工程拍卖所得的价款享有优先受偿权，而对土地使用权拍卖所得价款没有优先受偿权。浙江省高级人民法院执行局在《执行中处理建设工程价款优先受偿权有关问题的解答》中的第四点体现了这一原则："建设工程承包人只能在其承建工程拍卖价款的范围内行使优先受偿权，对该工程占用范围内土地使用权的拍卖价款不能主张优先受偿。实际操作中可对建设工程和土地使用权分开进行价值评估，确定各自在总价值中的比例，然后一并拍卖，拍卖成交后再确定建设工程承包人可以优先受偿的金额。"

又如，《物权法》第202条规定："抵押权人应当在主债权诉讼时效期间行使抵押权；未行使的，人民法院不予保护。"说明主债权期间经过，抵押权人丧失的是抵押权被法院保护的权利，但抵押权本身并不消灭。而建设工程价款优先受偿权的行使期间是法定的六个月，该期间为除斥期间，期间经过，承包人的该权利即消灭，不能继续行使。

鉴于我国法律并未明确规定法定抵押权，而建设工程价款优先受偿权与我国现行法律制度中的不动产抵押制度出入太大，因此我们认为，它不应当归属于抵押权之列，也就不属于法定抵押权。

3. 该权利性质应为优先权

建设工程价款优先受偿权并不符合法定抵押权与留置权的特征，其应当属于优先权。而为了证明其性质，下文将首先对优先权的特征作一论述。

### （三）关于优先权

1. 优先权的立法模式

近代欧洲国家的优先权立法模式分为两种：一种是以法国《民法典》为代表的法国模式，其他继受国家有比利时、意大利、荷兰、葡萄牙、西班牙、日本等国。另一种是德国《民法典》为代表的德国模式，继受国家有瑞士、我国台湾地区。[1]

以法国为代表的优先权立法模式下，优先权被以专章或专节的形式规定在民法典中，并明确其性质与抵押权、质权一样是担保物权的一种。[2] 享有优先权的债权人得就债务人的特定财产或一般财产优先于其他债权人，甚至优先于抵押权人受清偿。就优先权制度内容而言，基于保障人权、实现公平和对经济弱者以特别保护、保护公共利益或共同利益、保护经济秩序和实现某些社会观念这四种功能，设置了不同的优先权。[3] 如债务人丧葬费用的优先权、债务人及受其抚养人最近一定时期内的医疗费优先权、为债务人及其亲属提供日用品及住宿等服务的债权人的优先权；工人工资、补贴、违约赔偿金的优先权及其他受雇人员报酬优先权、事故受害人及其继承人对保险人之保险金的优先权，以及受害人对犯罪人被依法扣押财产的优先权；国家及地方政府享有之税收优先权、财产保存费用优先权、其他为部分或全体债权人利益而对债务人财产实行清算、扣押、诉讼、分配而支出之共益费用；基于质权观念而产生之优先权、基于“共有”观念或财产增值关系产生之优先权。

而德国模式下的优先权并不存在完整的优先权制度。德国《民法典》中对优先权无统一规定。[4] 优先权是特种债权所具有的一种特别效力，并不视其为单独的权利。因此在行使该权利时，并不优先于抵押权、质权。但在德国模式下，为了满足在法国模式国家中以优先权制度实现的社会需求，设立了其他制度来替代优先权制度。典型的有

---

〔1〕 参见郭明瑞、仲相：《我国未来民法典中应当设立优先权制度》，载《中国法学》2004 年第 4 期。

〔2〕 参见李浩培等译：《拿破仑法典》（第十八章“优先权及抵押权”），商务印书馆 1997 年版。

〔3〕 参见李浩培等译：《拿破仑法典》（第 2101 条），商务印书馆 1997 年版。

〔4〕 参见陈卫佐译注：《德国民法典》，法律出版社 2015 年版。

禁止扣押及扣押保护制度[1]、清偿顺序制度[2]、留置权、法定抵押权与法定质权制度[3]。

2. 优先权的不同定义

为明晰优先权的性质，我们将学者目前对优先权的相关定义进行列举介绍。

（1）优先权即优先效力说

该观点认为，优先权是指权利效力的强弱："物权的优先权，其基本含义是指权利效力的强弱，即同一标的物上有数个利益相互矛盾、冲突的权利并存时，具有较强效力的权利排斥或先于具有较弱效力的权利的实现。"[4] 我国台湾地区学者史尚宽先生也是持这种观点，认为优先权是优先的效力。[5] 李锡鹤教授也同意此观点，认为："民事优先权不是某类民事权利，而是某类民事权利的共同效力。"[6] 德国民法明确认为优先权是特殊债权所有之一种效力。[7] 智利民法典则将优先权与其所担保之债权合并规定，将优先权作为特种债权的一部分，不认其为一种单独的权利。[8]

（2）优先权独立权利说

持该观点的不同学者虽然对优先权给出了不同的定义，但他们在

---

[1] 参见谢怀栻译：《德意志联邦共和国民事诉讼法》（第 881 条），中国法制出版社 2001 年版。

[2] 参见郭明瑞、仲相：《我国未来民法典中应当设立优先权制度》，载《中国法学》2004 年第 4 期。

[3] 参见陈卫佐译注：《德国民法典》，（第八章第一节第 1204 条至第 1272 条），法律出版社 2015 年版。

[4] 钱明星：《物权法原理》，北京大学出版社 1993 年版，第 34 页。

[5] 参见史尚宽：《物权法论》，中国政法大学出版社 2000 年版，第 10 页。

[6] 李锡鹤：《论民事优先权的概念》，载《法学》2004 年第 7 期。

[7] 参见史尚宽：《物权法论》，中国政法大学出版社 2000 年版，第 255 页。

[8] 参见金世鼎：《民法上优先受偿权之研究》，载刁荣华主编：《现代民法基本问题》，台北，汉林出版社 1981 年版，第 145、148 页。

"优先权是一种独立权利"这一点上却达成了共识："优先权又称先取特权，是指由法律直接规定之特种债权的债权人所享有的，就债务人之一般或特定财产优先受偿的担保物权。"[1] "优先权作为一项法定担保物权，应该规定在我国的《物权法》中，被纳入我国担保物权体系中。"[2] "优先权具有支配性、优先性、从属性、法定性、不可分性、物上代位性、变价受偿性和一定条件下的追求性等担保物权特征，是一项传统的法定担保物权。"[3] "优先权，是立法政策特别保护的结果，意指破除债权人平等原则，使特种债权人依法优先受偿的法定担保物权，其效力至为强大，可以对抗其他的担保物权。"[4] "优先权这种称法，较日本的'先取特权'为安，但从特别法的规定及此种权利的内容，优先权尚不能将其含义完全表达，而优先受偿权的表述更为合适。据此认为优先受偿权，就是由法律所定特种债权者就债务人之全部或特定财产（动产或不动产）优先受偿之担保物权。"[5] "优先权是指特定债权人基于法律的直接规定而享有的就债务人的总财产或特定动产、不动产的价值优先受偿的权利。"[6] "优先权，为按债务的性质，而给予某一债权人先于其他债权人，甚至抵押权人而受清偿的权利。"[7]

---

〔1〕郭明瑞、仲相：《我国未来民法典中应当设立优先权制度》，载《中国法学》2004 年第 4 期。

〔2〕石鲁夫：《建设工程价款优先受偿权问题研究——兼谈优先权制度的价值和立法构想》，载《法制与社会》2008 年第 31 期。

〔3〕申卫星：《我国优先权立法制度研究》，载《法学评论》1997 年第 6 期。

〔4〕孙鹏、肖厚国：《担保法律制度研究》，法律出版社 1998 年版，第 20 页。

〔5〕金世鼎：《民法上优先受偿权之研究》，载刁荣华主编：《现代民法基本问题》，台北，汉林出版社 1981 年版，第 142 ~ 160 页。

〔6〕崔建远：《我国物权法应选取的结构原则》，载《法制与社会发展》1995 年第 3 期。

〔7〕王利明主编：《中国物权法草案建议稿及说明》，中国法制出版社 2001 年版，第 512 页。

3. 优先权的性质

本文将从我国的现行法律出发，仅讨论优先权与特种债权相结合时的概念特征，以期探讨建设工程价款优先受偿权之性质。对此，我们赞同王利明教授、崔建远教授、金世鼎先生等的观点，认为优先权是一种独立的权利，是指债权人的特定债权基于法律的直接规定享有的就债务人的全部财产或特定财产优先受偿的权利。

我们认为：

（1）优先权是一种独立的权利，而并非权利的特殊效力

首先，优先权是一种独立的权利。如果优先权是权利的特殊效力，那么这种权利只能是特种债权。以船舶优先权为例，该优先权直接指向的是优先权人的海事请求权。如果该优先权是特殊效力，那么其所属的海事请求权就具备了优先于其他担保物权的效力，这显然违背了债权的相对性与物权优先于债权的原理。因此"特殊效力说"这个观点是说不通的。且权利之效力不可脱离权利单独消灭，而应当伴随权利的始与终。例如所有权的支配效力，只要所有权存在，就伴随所有权的始终，所有权消灭，该效力方可随之消灭，而不具备独立消灭的可能。但优先权有其独立的消灭原因，它可以因一定期间不行使而消灭，如《海商法》第26条规定："……但是，船舶转让时，船舶优先权自法院应受让人申请予以公告之日起满六十日不行使的除外。"第29条规定："船舶优先权，除本法第二十六条规定的外，因下列原因之一而消灭：（一）具有船舶优先权的海事请求，自优先权产生之日起满一年不行使；……前款第（一）项的一年期限，不得中止或中断。"此外，权利的特殊效力一旦消灭，对权利是有极大影响的。我们仍以所有权的支配效力为例，如果所有权失去了支配效力，则其占有、使用、收益、处分的权能就会难以实现或根本无法实现。但优先权消灭后对原权利没有影响。例如，船舶优先权基于海事请求权而成立，即便优先权人放弃该权利或该

优先权因时效经过而消灭，原来的海事请求权人仍然得以按照正常的清偿顺序实现其海事请求权，对该请求权不造成实质上的影响。由上可知，优先权与其所从属的债权是两个相互独立的权利，而非权利的特殊效力。

其次，优先权是一种独立的权利，权利人有行使或放弃该权利的自由。如船舶优先权，优先权利人可以选择不行使该优先权，只行使海事请求权，此时对产生该海事请求权的船舶就不再有优先受偿权，而是后于该船舶的留置权人和抵押权人受偿。如果优先权是权利的某种特殊效力，鉴于优先权的法定性，该效力是不得被放弃的。权利与效力之区别即在于此：权利有被放弃或被行使的可能性，而效力没有。从我国现有相关优先权的法律规定来看，优先权人有放弃这种权利的自由。[1] 因此，优先权是一种独立的权利，而非某种权利的特殊效力。

最后，优先权是一种独立的权利，因为它同时还具有其他效力，如追及性。《海商法》第 26 条规定："船舶优先权不因船舶所有权的转让而消灭。"从该规定可以看出：船舶优先权是具有追及性的。由于海事请求权人是针对产生海事请求的船舶具有优先受偿的权利，只要船舶仍在，无论所有权是否转移，该优先权都及于该船舶，这是优先权的追及性。只有将船舶优先权视作权利，才能为其具有其他效力作出合理的解释。如果仅将该优先权视为特种债权的特殊效力，那么其追及性将无法论证。建设工程价款优先受偿权也如此，在建工程被转让的，该优先权不会因此而灭失，而是就转让价款优先受偿。如果优先权仅是工程价款请求权这一债权的特殊效力，又怎会具备物权才有的追及效力呢？由此可见，优先权是一种独立的权利，其自身便具

---

〔1〕 根据《海商法》第 29 条的规定，权利人如果怠于行使该优先权，则该权利灭失，这是一种消极的放弃权利的做法。

有独立的权利效力。

（2）优先权应当是一种担保物权

如前所述，优先权是一种独立的权利。在我国物债二分的立法体系下，优先权应当属于物权还是债权仍需确认。我们认为，在物债二分法的前提下，优先权是一种担保物权而非债权。区分这二者的标准在于，对所涉及的标的物（债务人的特定财产或全部财产）是否具有支配力，是否需要债务人配合才能行使该权利。优先权可由优先权人直接向法院申请拍卖行使，并不需要债务人配合，足可证明优先权人对债务人之特定财产或全部财产（视具体规定而定）有着支配力，无须借助债务人行为即可实现。优先权具有可以直接支配物的交换价值的物权属性，因此属于物权。

在此基础上，我们进一步认为，优先权应当是一种担保物权，担保物权的性质，从功能上看，是一种担保债权实现的权利，具有担保性，为担保权；从内容上看，是一种变价性的权利，即价值权；从权利归属上看，是一种支配性的权利，即物权。由此确定担保物权的本质属性是物权性、价值性和担保性。物权性具体包括担保物权的法定性、优先性、支配性、排他性和追及性；价值性（价值权性）包括变价受偿和物上代位性；担保性包括从属性和不可分性。〔1〕而优先权具有担保物权的性质特点，具体如下：

首先，优先权具有法定性，是法律直接规定非为当事人自由创设；优先权具有优先性，其在效力上优先于普通债权。在其内部，不同的优先权效力强弱也有所不同；优先权具有支配性，担保物权系以支配物之交换价值为内容之物权，〔2〕作为担保物权的优先权，

〔1〕参见董开军：《论担保物权的性质》，载《法学研究》1991年第3期。

〔2〕参见王泽鉴：《民法物权》（一），三民书局1992年版，第39页。转引自申卫星：《优先权性质初论》，载《法制与社会发展》1997年第4期。

可以对债务人的特定财产或者总财产的交换价值直接申请法院进行拍卖并对所得款项优先受偿，体现了优先权对所涉物之交换价值的支配性；优先权具有排他性，排他性包括特定性和位次性，优先权具有位次性自不必论，但优先权的特定性该如何体现？一般物权须于成立时其标的物为特定，而担保物权以于实行时特定为已足。[1] 所以优先权的特定是以优先权实行时债务人的总财产的价值之特定来体现的；优先权具有追及性，不动产上存在的优先权可以对抗无担保之债权人，并可以追及至没有登记的第三人，此外，特别法上规定的船舶优先权，自产生之日起，随船移转而移转。以上诸点，构成了优先权的物权性。

其次，优先权具有变价受偿性，当债务人财产不足以清偿全部债权时，优先权人有权申请法院变价拍卖标的物，并就其价值优先受偿；优先权具有物上代位性，对因其标的物出卖、出租、毁损或灭失而债务人获得的金钱或者其他物上，以及在优先权标的物上设立物权的对价，仍然可以行使。以上两点构成了优先权的价值权性。

最后，优先权具有从属性，是指它是一项从权利，以其担保的债权为主权利，优先权随其担保债权的移转而移转；优先权具有不可分性：以债权存在为限，得就标的物全部受偿，又以标的物的存在为限，得为其债权全部行使权力。以船舶优先权为例，产生海事请求权的船舶拍卖后，优先权人可以就该价款的全部优先受偿，但其优先受偿权也仅局限于该船舶拍卖后所得的价款。在就该船舶的拍卖价款受偿后海事请求权仍未满足的数额，将不再有优先受偿的权利，而是与其他债权人一起，按正常权利顺序进行清偿。从属性与不可分性，构成了优先权的担保性。综上，优先权符合了担保物权的所有特点，应当属

---

〔1〕 参见史尚宽：《物权法论》，荣泰印书馆 1979 年版，第 230 页。转引自申卫星：《优先权性质初论》，载《法制与社会发展》1997 年第 4 期。

于担保物权。

### （四）建设工程价款优先受偿权属于优先权

1. 建设工程价款优先受偿权是优先权

首先，从立法目的角度而言。建设工程价款优先受偿权这一规定的立法背景是当时社会上严重存在的拖欠承包款的问题，为解决这一问题，保护承包人的利益，在《合同法》起草时加入了这一条款。[1]它是法律赋予承包人的特别权利，具有保护劳动者利益和鼓励建筑、创造社会财富的政策目的。之所以要特别提到建设工程价款优先受偿权的立法目的，是因为优先权这一权利的最初的立法初衷就是为了实现保护弱者、保障人权、实现社会公平。为了实现这些目的突破债权人的平等性，将一部分特殊债权加以特别保护，赋予这些特殊债权人优先于其他债权人受偿的权利，甚至优先于抵押权人和留置权人。因此，从立法目的角度而言，建设工程价款优先受偿权的立法初衷与优先权的立法初衷高度吻合，究其根本，都是为了保护特种债权人之权益而突破了债权人平等的原则。

其次，从权利成因角度而言。该优先受偿权是《合同法》第286条创立，经最高院《批复》加以完善的。它是法律基于特殊目的的考量给予特殊债权人的特殊优待，是法律所直接规定的而产生的权利，且无须登记或其他公示手段。是承包人的法定优先受偿权。

最后，从权利内容角度而言。该优先受偿权的权利主体是承包人，其所担保的债权是承包人的工程价款请求权。该优先受偿权明确规定是对在建工程有优先受偿权。说明该优先受偿权的权利客体是特定的，

---

〔1〕 参见梁慧星：《合同法二百八十六条的权利性质及其适用》，载《山西大学学报（哲学社会科学版）》2001年第3期。

只针对在建工程，并且以在建工程为限。符合优先权是为担保特定债权而设立、权利客体特定的特点。同时，承包人的优先受偿权优先于其他一般债权，甚至优先于抵押权，这点也符合优先权的权利位阶效力。

从以上三点来看，建设工程价款优先受偿权符合优先权的立法目的、法定性及特征，其性质应当是优先权。

2. 建设工程价款优先受偿权作为优先权的影响

不同权利的性质从属于不同权利的法律规定，在权利顺位的比较及冲突时的处理方式上，也要遵循其所属的法律之规定。建设工程价款优先受偿权属于优先权，是担保物权的一种，无过错房屋买受人的过户权利是基于房屋买卖合同产生的债权请求权。根据物权优先于债权的一般理论，建设工程价款优先受偿权本应是优先于房屋买受人的过户权利的，但《批复》第 2 条却规定："消费者交付购买商品房的全部或者大部分款项后，承包人就该商品房享有的工程价款优先受偿权不得对抗买受人。"赋予了消费者权利得以对抗工程价款优先权的效力。有的学者指出，该规定实际上违背了一物之上物权应当优先于债权的原理。的确，这种做法有违背物权优先于债权的基本原则之嫌，它是政策制定者基于利益平衡的考量，出于保护消费者这一弱势群体权益的目的而作出的特别规定。

《批复》出台时所进行的利益衡量是在承包人的经营权与消费者的生存权之间进行的。消费者购房为生活所需，满足的是其生存权，而承包人的经营权则是经营利益。我国《宪法》第 33 条明确规定："国家尊重和保障人权。"而生存权是人权的重要组成部分，其在宪法当中得以规定，属于公民的基本权利。[1] 而经营权则是市场主体的一般权利。二者发生冲突时，基本权利应当优先于一般权利。将消费者的权益放在承包人经营权之前，正是基于这样的考虑。

并且，物权优先于债权并非没有例外，如“买卖不破租赁”的规定正是承租人债权可以对抗买受人所有权的一个例子；再如预告登记制度，将预告登记权利人的请求权加以保护，在其之后对所登记的不动产物权变动均无效力。这说明，物权优先于债权的原则并非不可突破。而建设工程价款优先受偿权属于优先权，是担保物权，但又并非我国现有法律中任何一种担保物权，因此其规定只能参照《物权法》中关于担保物权的一般规定来进行。《物权法》第170条规定：“担保物权人在债务人不履行到期债务或者发生当事人约定的实现担保物权的情形，依法享有就担保财产优先受偿的权利，但法律另有规定的除外。”说明如果法律有相关规定，担保物权的优先受偿可以有所例外。

---

〔1〕 关于生存权，学者有着很多不同的定义，如生存权是“公民享有维持其生存所必需的健康和生活保障的权利”；（邹喻、顾明总主编：《法学大辞典》，上海辞书出版社1998年版，第367条。）生存权是“人的生命安全及生存条件获得基本保障的权利”；（李步云主编：《人权法学》，高等教育出版社2005年版，第118页。）是指“维持人的生存所必需的物质和其他方面的生活条件受保障的基本权利”；（付建明：《人权保障的两个基本理论问题探讨》，载《中共四川省委党校学报》2005年第1期。）“生存权利保障生存所需要的起码资源，主要是食物和得到医疗的权利”；（［美］杰克·唐纳利：《普遍人权的理论与实践》，王浦劬等译，中国社会科学出版社2001年版，第35页。）“生存权是指生命安全得到保障和基本生活需要得到满足的权利”；（王家福、刘海年主编：《中国人权百科全书》，中国大百科全书出版社1998年版，第531页。）生存权包括生命权和尊严权，获得必要生活资料的权利（包括实物、衣着、住房、医疗和必要的社会服务等），劳动并获得报酬的权利，提高生存质量的权利（即发展的权利）；（李步云主编：《人权法学》，高等教育出版社2005年版，第121页。）“生存权是指公民享有维持其身体必需的健康和生活保障权”；［许崇德主编：《中华法学大辞典》（宪法学卷），中国检察出版社1995年版，第524页。］“生存权是指人们获得足够的食物、衣着、住房以维持有尊严的相当生活水准的权利，它包括食物权、衣着权、住房权等具体内容。”（上官丕亮：《究竟什么是生存权》，载《江苏警官学院学报》2006年第11期。）等。而公民的居住权利显然应当是生存权的一部分。

现在所面临的问题是，《批复》的制定主体是最高院，《批复》并非法律，只是司法解释，因此不能适用“法律另有规定除外”的条款。我们认为，规定房屋买受人的过户权利在一定条件下优先于承包人的建设工程价款优先受偿权，这种立法政策本身是可取的。只不过就立法技术而言，以《批复》形式由最高院进行规定，确实有不妥之处。针对该问题，可以将《批复》中相关内容以法律的形式加以重新确认，以解决效力等级冲突的问题。

无过错房屋买受人的过户权利性质相对建设工程价款优先受偿权而言来说较为确定，该权利是基于房屋买卖合同而产生的债权。

然而，对于该《批复》的具体规定与理解，也有着不同的观点争论，主要集中在对“消费者”的概念定义及对“大部分款项”的认定上。

## 二、对“消费者”的争论

**【基本观点】**

《批复》的规定中明确其权利可以对抗工程价款优先权的主体是“消费者”，但却并没有对“消费者”作出定义。对该规定中所提到的“消费者”的理解，也有两种不同的看法。

1. 认为该消费者应当为狭义概念上的“消费者”，即购房消费者中消费者的含义应与《消费者权益保护法》中的“消费者”含义相同，其购房是为生活消费需要而不是为经营、投资需要。

2. 认为该消费者应当为广义上的消费者，即商品房买卖合同的买方，而不局限于《消费者权益保护法》中的消费者定义。只要签订了房屋买卖合同的，即应当认定为消费者，享受该《批复》对消费者的特殊保护。

【观点解读】

我们认为，该消费者的定义应当以狭义为准。即应当以《消费者权益保护法》中的消费者定义为准，理由如下：

1. 从法院观点而言，最高院相关工作人员明确表示了对消费者的内涵限制。最高院研究室在该《批复》出台后所接受的采访中表示："这个'消费者'不是一般意义上的房屋买受人（因为有些房屋买受人并非单纯用于消费居住，可能会有其他经营性用途），而是指我国《消费者权益保护法》中所称的消费者。"[1] 地方法院观点则有的直接引用"消费者"名称而不作解释，有的则在相关的指导意见中加以重申和明确，如《重庆市高级人民法院关于对〈最高人民法院关于建设工程价款优先受偿权问题的批复〉应如何理解的意见》中指出："人民法院在审理和执行购房消费者办理土地使用权、房屋产权证历史遗留问题的案件，优先保护购房消费者的利益时，应注意把握以下几个条件。首先，购房消费者中消费者的含义应与《消费者权益保护法》中的'消费者'含义相同，即购房者购房是为生活消费需要而不是为经营需要。"

2. 从司法解释出台目的而言，该《批复》试图保护的是身为弱势群体的消费者的权益。根据前述论证，建设工程价款的优先受偿权属于优先权，其本质是一种担保物权，而房屋买受人的过户权利是债权。之所以要对这种债权加以特别的优待，是因为考虑到身为消费者的房屋买受人，其身为个体相对于承包人这个经营者来说是弱者。虽然消费者在购买商品房之前，也应当考察开发商的情况，并采取相应手段来使自己免于侵害。但承包人作为经营组织而言，有更多的措施和手段判断、分析和控制交易风险，更有能力保护自己的权益。因此，

[1] 孙贤程、朱树英：《细说工程款优先受偿权——最高人民法院研究室有关人士谈〈合同法〉第286条司法解释》，载《建筑时报》2002年7月15日，第1版。

保护对象是基于“弱势”的消费者。但如果将消费者扩大到所有买受人，如将企业法人也纳入这个范畴，看似不违反权利平等原则，但实际上却失去了该条款试图保护弱者的目的。因为二者同为经营者，并不存在谁相对“弱势”的情况。因此，也就不需要将其纳入“消费者”范畴加以特殊保护。

3. 从所保护法益的比较角度而言，消费者购买商品房的利益属于生存利益，而承包人的利益属于经营利益。[1] 在这二者进行比较时，经营利益应当让位于生存利益。但如果房屋买受人并非为生活需要，而是投资、经营、生产所用，那其利益也属于经营利益，承包人的经营利益与其是平等的，无须让位。这一点也是最高院出台该批复时的用意。最高院研究室在接受《建筑时报》采访时说：“我们的主要考虑是，消费者购买商品房是一种生存的权利，同时它还关系到社会的稳定；而承包人的权利主要还是一种经营权利。生存权利优于经营权利受到法律的保护，既是一种国际通行的做法，也是符合我们国家实际情况的。”[2]

4. 从更好地保证《合同法》第286条的适用效果而言，如果将所有房屋买受人的权利都加以特殊保护，来对抗承包人，那么会对承包人的权利形成过当的限制。在实践中，有可能会造成发包人为了阻止承包人行使优先受偿权而抢先找到关联公司签订房屋预售合同并收取购房款，从而使承包人的优先受偿权无法真正行使。那么建设工程价款优先受偿权就得不到真正的贯彻，承包人的该项权利行使起来更加困难。

综上所述，我们认为，可以对抗承包人工程价款优先受偿权的房

---

〔1〕 参见汪治平：《建设工程价款优先受偿权的若干问题》，载《人民司法》2002年第8期。

〔2〕 孙贤程、朱树英：《细说工程款优先受偿权——最高人民法院研究室有关人士谈〈合同法〉第286条司法解释》，载《建筑时报》2002年7月15日，第1版。

屋买受人须为满足《消费者权益保护法》中“消费者”定义的买受人。至于在当今市场经济条件下，有的消费者购房用于投资或是以出租等经营方式所用而非为生活所用，如果承包人能够证明该点的话，我们认为该买受人就不应当属于《批复》中的“消费者”。全国律协建设工程与房地产专业委员会为建设工程价款优先受偿权的司法解释所起草的建议稿中，也体现了这一思想，并更加严格地限制了消费者的界定范围。在该稿第10条中规定：“消费者个人预购的家庭唯一住宅性质的商品房并已支付了商品房买卖合同约定总价三分之二以上购房款的，承包人要求对该建筑物进行折价、拍卖的，人民法院不予支持。”

对此，最高院也有相关案例予以支持。在袁某等与随州烟草公司等合作开发房地产合同纠纷再审案中，最高院判决中提到：“本案中，袁某等8人购买的是商业用房，最高人民法院《关于建设工程价款优先受偿权问题的批复》第1条、第2条的规定，意在保护自住商品房买受人的权利，而且该批复是专门针对工程价款优先受偿权的，不适用于本案。”[1] 该案中，房屋买受人虽为自然人，但购房目的为经营所用，因此不属于《批复》第2条的“消费者”，无法援引此条进行抗辩。

地方法院也有相关案例支持。在彭某某与张某乙建设工程施工合同纠纷再审案中，浙江省湖州市中级人民法院认为：“更重要的是原一、二审在案证据已表明本案建设工程是用于经营的，而彭某某作为买受人显然不是出于生活消费需要而购买，因此彭某某依法不属于《中华人民共和国消费者权益保护法》规定的‘消费者’的范围。故彭某某无权以《最高人民法院关于建设工程价款优先受偿权问题的批复》第二条的规定作为对张某乙行使优先受偿权的抗辩。”[2] 该案例

---

〔1〕 最高人民法院（2009）民提字第78号民事判决书。

〔2〕 浙江省湖州市中级人民法院（2013）浙湖民申字第37号民事裁定书。

明确指出，不是出于生活需要购买建设工程的，不能够以《批复》第2条作为对建设工程价款优先受偿权的抗辩理由。

当然也有法院有相反的判例，如沈阳聚隆建筑安装工程有限公司诉辽宁万泰房地产开发有限公司建设工程施工合同纠纷案中，原告聚隆公司诉请万泰公司给付工程款，并要求确认对工程款的优先受偿权。法院判决则认为案涉44套房屋已经被抵债给皇姑区国有资产经营公司，并援引《批复》第2条，认定原告主张优先受偿权的房屋均已销售或抵债，以此作为驳回原告诉请的理由之一。[1] 我们认为该法律适用是存在错误的。

## 三、对“大部分款项”的认定

**【基本观点】**

对于消费者究竟交付多少房款才能认定是交付了“大部分”款项呢？目前通说是交付50%以上。最高院研究室在该《批复》出台后接受采访时表示，如果房屋买受人已经支付的是定金，或者支付的购房款不足50%，那么承包人依然具有优先于房屋买受人的工程价款受偿权。[2] 各地方法院中，有明确规定交纳购房款要在50%以上的有沈阳、广东、重庆等地。其他则仍只提到“大部分款项”。

然而也有学者对50%以上的认定持有不同意见。有学者指出，对一种权利给予保护或者不予保护应当是基于一定的法理基础，而不是仅凭权利本身数量上的变化而做出决定。交了50%房款的购房人其债

---

〔1〕 参见辽宁省沈阳市中级人民法院（2007）沈民（2）房初字第88号民事判决书。

〔2〕 参见孙贤程、朱树英：《细说工程款优先受偿权——最高人民法院研究室有关人士谈〈合同法〉第286条司法解释》，载《建筑时报》2002年7月15日，第1版。

权可以列于建筑工程优先受偿权之前，而交付了49%房款的购房人则不能享有此权利，很明显存在不合理性。[1] 对交房款的限定主要是为了将仅交付少量定金的消费者排除在外，从而避免开发商以虚假合同对抗建筑工程优先受偿权。因此不应当将50%作为一个认定标准。还有学者指出，根据《批复》第2条的规定，如果消费者只支付了不到50%房款的首付款，或者办理银行按揭购房的，若银行尚未将按揭款交于开发商，那么该消费者的权利就将被排除在特殊保护之外。但无论是交付了多少款项的购房者，都同属于消费者，其权利应受到同等程度的保护。从法律的正义价值角度来看，社会基本结构的正义包括两个层面：一是社会各种资源、利益以及负担之分配上的正义，二是社会利益冲突解决之上的正义[2]。正义的观念在法律上即体现为公正、平等，也就是同种权利受到同等保护。无论消费者交的价款多少，都不改变其消费者权利本身的性质。而如果按照“交的越多，享受权利越多”的认定模式，会鼓励消费者在购买预售商品房时尽可能的支付大部分价款，以获得在开发商违约时优先的保护。但损害一旦发生，消费者付出的越多，其实际遭受的损失也越多。[3]

**【观点解读】**

我们认为，第一种观点较为合理，理由如下：

1. 从文义解释的角度而言，《批复》的用词是“大部分”款项，直观理解即是应当超过50%的款项才能构成“大部分”。从最高院研究室在该《批复》出台后接受采访的态度可见，最高院对“大部分”的理解就是要超过50%，此乃司法解释制定者之原意。并且各地方法

---

〔1〕 参见王旭光：《建筑工程优先受偿权制度研究——合同法第286条的理论与实务》，人民法院出版社2010年版，第216页。

〔2〕 参见张文显主编：《法理学》，高等教育出版社1999年版，第253～255页。

〔3〕 魏树发、江钦辉：《〈最高人民法院关于建设工程价款优先受偿问题的批复〉第二条之检讨》，载《广西社会科学》2005年第2期。

院也有相应的指导意见支持该观点，对“大部分”的理解，应当超过50%。

2. 如果对付款比例没有规定，很可能导致开发商故意找人签订商品房买卖合同，约定较小的支付比例或仅交付定金，从而使承包人的工程价款优先受偿权被架空，无法真正得到实现。

3. 对消费者加以付款达到一定比例的限制则可以在消费者利益与承包人利益之间起到衡平作用。同时，可以规定承包人对消费者的购房款享有优先受偿的权利，这样，既保证了消费者买房目的的实现，也不致使承包人的优先受偿权落空。

4. 从实践情况来看，绝大多数情况下买受人是支付全款或通过按揭贷款的方式支付全款，可见规定交纳房款50%以上才可以对抗承包人的优先受偿权，对消费者而言并非难以达到。只有交纳了一定比例的购房款，消费者的权利，尤其是过户权利才有行使的可能。抛开《批复》本身而言，也鲜有消费者只交纳了少量购房款就可以办理过户手续的情况。因此，50%的认定，既不会对消费者造成额外负担，又能较好地区分真正购房人与虚假购房人，保证承包人的优先受偿权的落实。

5. 条文规定的目的之一主要是认定是“真实”的消费者，而不是开发商为了阻止承包人行使优先受偿权而与之串通的虚假购房人。在认定“真实”消费者的时候，付款与否、付款比例就成为了一个重要的衡量标准。在最高院的公报案例中（宋宇与北京盛和发房地产开发有限公司、广东粤财投资控股有限公司、北京城乡建设集团有限责任公司商品房预售合同纠纷案），申诉人宋宇就因为无法证明自己购房行为的真实性、付款行为的真实性而最终被驳回了请求。[1] 在陈晓红等与张家宏申请执行人异议之诉再审案中，法院认为：“虽然陈晓红

---

〔1〕 最高人民法院（2011）民提字第331号民事判决书。

自称是案涉房屋的买受人、消费者，但由于陈晓红不能证明其交付了全部或者大部分购房款，故本案也不适用《最高人民法院关于建设工程价款优先受偿权问题的批复》。"[1] 由此可见，在实践中，法院判断消费者是否适用《批复》也是根据了消费者交纳房款的比例。

综上，我们认为，消费者支付50%以上购房款后其权利才可优先于建设工程价款优先受偿权，这种规定具有合理性。

## 四、对“不得对抗”的理解

《批复》第2条规定了承包人的优先权不得对抗支付了全部或大部分购房款的消费者的权利，但这个“不得对抗”具体的实现方式仍然值得讨论。具体来说，有如下几种可能：（1）房屋买受人已经办理过户手续，此时承包人要求行使优先受偿权；（2）房屋买受人交纳了全部或大部分购房款，但未办理过户手续，此时承包人要求行使优先受偿权；（3）房屋买受人交纳了全部或大部分房款，未办理过户手续，且此时因客观原因（在建工程烂尾、工程已经被拍卖等）无法履行其要求过户的权利，此时承包人要求行使优先受偿权；（4）房屋买受人仅交纳少部分房款时，承包人要求行使优先受偿权。

### （一）房屋买受人交纳全部或大部分房款，且已经办理过户手续的

这种情况下，房屋买受人对该商品房的权利已经得到了确认，商品房所有权已经从开发商处转移至房屋买受人之处。此时的房屋买受人对商品房享有的是所有权，而承包人的优先权是担保物权，根据自

〔1〕 最高人民法院（2013）民申字第1115号民事裁定书。

物权优先于他物权的原则，此时承包人不能再对该房屋行使优先受偿权。那么承包人是否可以对工程其余部分行使优先受偿权呢？该问题将于后文进一步论述。

### （二）房屋买受人已交纳全部或大部分房款，但未办理过户手续的

此时的权利冲突主要集中在房屋买受人的过户权利与承包人要求行使的优先受偿权之间。根据《批复》的规定并结合法院的判决情况来看，此时的“不能对抗”表现为法院优先考虑消费者的过户权利（或交房权利）。当在建工程被分解成多套房屋单独出售，且房屋买受人已交纳了全部或大部分购房款的，法院对承包人要求行使的优先受偿权不予支持。如上诉人河南福泰建筑安装有限公司与被上诉人安阳市鼎盛房地产开发有限责任公司建设工程合同纠纷一案中，法院判决中提到：“依据原审查明的事实，C3 号楼工程已经竣工验收，本案涉及争议的 C3 号楼房屋 130 套，已经全部出售，买受人均已交付全部房款。上诉人以被上诉人未足额支付工程款拒绝交房的行为，亦是承包人行使就该商品房享有的工程价款优先受偿权，该行为已经侵犯了买受人的合法利益。故原审法院适用法律正确，本院予以维持。”[1] 而在贺达华与怀化市金龙房地产开发有限公司建设工程价款优先受偿权纠纷一案中，虽然承包人被驳回的最主要理由是其行使优先受偿权已超过六个月的期限，但法院判决中也提到，其试图行使优先受偿权的房屋已全部销售完毕，不再符合法律规定[2]。

---

〔1〕 河南省安阳市中级人民法院（2015）安中民三终字第 1036 号民事判决书。

〔2〕 湖南省怀化市洪江区人民法院（2015）怀洪民一初字第 59 号民事判决书。

### （三）房屋买受人已交纳全部或大部分房款，但因客观原因无法办理过户手续的

在实践中，由于商品房往往是预售的，存在消费者已经付清房款，但房屋却因种种原因无法建成，形成“烂尾楼”，或因客观原因毁损灭失，消费者无法得到房屋所有权的情况。在此情况下，房屋买受人的过户权利不可能得到实现，房屋买受人权利与承包人优先受偿权的冲突则转化为对在建工程余下价值谁能优先受偿的问题。在这种情况下，“不能对抗”体现为，房屋买受人相较于承包人先行行使优先受偿权，即开发商对其房款的返还应当优先于支付承包人的价款。因为在这种情况下，房屋买受人已不可能再实现其房屋买卖合同的权利，而其已经尽到了全部或大部分义务，开发商为违约一方。基于《批复》的直接规定以及消费者权益保护优先的考虑，此时应当先返还消费者的购房款，承包人就剩余价值行使优先受偿权（可参考最高院2015年公布的“济南彩石山庄处置案”）。在郑慧诉河南亚鸿置业有限公司、商丘市万科建筑安装工程有限公司、李增军商品房买卖合同纠纷案中，郑慧交纳了全部购房款但却因工程停工、开发商未办理商品房预售许可等原因无法实现合同权利。法院判决原告郑慧在购房款内享有优先受偿权并援引了《批复》第2条的规定。[1] 该案例中虽然并不涉及承包人要求行使优先受偿权与买受人有所冲突，但我们可以从判决中看出法院的倾向是以买受人权利为优先。

### （四）房屋买受人仅交纳少量房款的

如房屋买受人仅交纳了少量房款或仅交纳了定金，此时的房屋买受人权利不再受到《批复》第2条的保护，不再拥有对抗承包人优先

---

〔1〕 参见河南省商丘市睢阳区人民法院（2010）商睢区民初字第1498号民事判决书。

受偿权的效力。无论是过户权利（此时实践中通常也无法行使过户权利），或是房屋价款的返还请求权，都后于承包人的优先受偿权才可行使。对于少量的定义，不足购房款项的50%都应当认定为少量。但我们需注意，法院在受理案件时，有可能允许购房人补足房款并视为交纳完毕。比如在潘德恩等诉广州金辉洋房地产有限公司商品房销售合同纠纷案中，虽然最终法院以未经抵押权人同意将抵押物处分行为无效驳回了原告的诉求，但是我们注意到，在法院审理程序当中，法院是允许原告等人补足了购房款并视其为全部交付来进行审理的。[1]

我们仍需解决的问题是，当符合条件的房屋买受人要求行使过户权利后，承包人的优先受偿权是否全部落空？对该工程是否完全不能再折价或请求拍卖，还是可以部分拍卖？如果不能再折价或拍卖，是否代表着承包人的优先受偿权无法行使？那么其权利应当如何保证？

## 五、承包人优先受偿权的实现

### （一）在建工程部分销售并办理过户手续后是否不能再折价或拍卖

如在建工程部分损毁或灭失的，根据前文所述，该优先受偿权应当及于在建工程的剩余部分。那么如果在建工程被分割，且部分已经被销售的情况下，我们认为，可以视作该在建工程的部分已经灭失，对承包人来说这一部分已经无法行使优先受偿权。但在建工程剩余部分如可以独立出来进行折价或拍卖的，承包人对该剩余部分应当享有优先受偿权。根据优先受偿权的物上代位性，承包人对被销售的在建

〔1〕 参见广东省广州市中级人民法院（2013）穗中法民五终字第2911号民事判决书。

工程所得的价款在工程价款范围内享有优先受偿权。如在建工程不能再作为整体独立于被销售部分进行折价或拍卖的，则其优先受偿权转移至销售价款。《关于建设工程价款优先受偿权问题的解释（中华全国律师协会建设工程与房地产专业委员会建议稿）》第 10 条中规定："消费者个人预购的家庭唯一住宅性质的商品房并已支付了商品房买卖合同约定总价三分之二以上购房款的，承包人要求对该建筑物进行折价、拍卖的，人民法院不予支持。承包人要求对开发商收到的购房款主张优先权的，应予支持。"这代表了一种立法建议，就是一旦消费者购买房屋符合条件的，建筑物则不宜再被折价拍卖，承包人应对购房款主张优先权。但目前的实际操作中，将已售房屋分离开后单独拍卖的，也的确存在。事实上，对在建工程剩余部分折价或拍卖，就折价或拍卖所得价款优先受偿，与对开发商收到的购房款优先受偿，在最终实现效果上基本是相同的。

### （二）承包人的权利实现

承包人的权利是否会落空？我们认为不尽然。如前所述，尽管在建工程有些不可分割折价或拍卖，但基于优先受偿权的物上代位性，承包人对在建工程销售后的所得价款仍享有优先受偿的权利。况且，商品房建筑物拍卖时折价的情况很多，很可能出现拍卖后所得款项仍不足以覆盖工程价款的结局。而如果通过预售给消费者，再对购房款行使优先受偿权的，也许反而对承包人的工程价款有更好的保障。

# 第十章

# 建设工程优先受偿权与已经办理预告登记或预售合同备案登记的房屋买受人过户权利的顺位问题

◇ 孙 巍* 吴 凡** 舒 曼***

已经办理了商品房预告登记或预售合同备案登记的房屋买受人的过户请求权能否对抗承包人的建设工程价款优先受偿权，我国法律并无直接规定，本报告旨在就这一问题进行调研讨论。

## 一、预告登记

### （一）预告登记的权利性质

2007 年我国颁行《物权法》后，预告登记制度在法律层面得到了正式确立。《物权法》第 20 条规定："当事人签订买卖房屋或者其他

* 孙巍，北京市中伦律师事务所合伙人律师。

** 吴凡，北京市中伦律师事务所律师。

*** 舒曼，北京市金杜律师事务所律师助理。

不动产物权的协议，为保障将来实现物权，按照约定可以向登记机构申请预告登记。预告登记后，未经预告登记的权利人同意，处分该不动产的，不发生物权效力。预告登记后，债权消灭或者自能够进行不动产登记之日起三个月内未申请登记的，预告登记失效。”根据该条文，预告登记保护了房屋买受人将来要求实现物权的请求权，并赋予了其对抗第三人的效力。关于预告登记的性质学界有如下三种说法：

1. 债权请求权保全制度说

该观点认为预告登记系介于债权与物权之间，兼具两者的性质，从现行法上为其定性实属困难，可认为系于土地登记簿上公示，以保全对不动产物权之请求权为目的，具有若干物权效力的制度。[1]

2. 准物权说

该观点认为预告登记是一种具有物权性质的债权，或者说，是一种准物权[2]。

3. 债权物权化说

梁慧星教授认为，预告登记的本质特征是使被登记的请求权具有物权的效力，其实质是限制现时登记的权利人处分其权利。[3] 孙宪忠教授认为，预告登记的本质特征是将物权法的规则施加于债权法，给予债权法的请求权以排他的物权效力，其本质属于物权法向债法的扩张。[4] 房绍坤教授等认为，预告登记使登记的不动产物权变动的请求权具备了对抗第三人的效力，即具备了一定的物权效力，因此，从预告登记的性质上说，它是债权物权化的一种具体表现。[5]

---

〔1〕 参见王泽鉴：《民法物权》（一），中国政法大学出版社 2001 年版，第 128 页。

〔2〕 参见王利明：《物权法论》，中国政法大学出版社 2003 年版，第 172 页。

〔3〕 参见梁慧星：《中国民法典草案建议稿附理由》（物权编），法律出版社 2004 年版，第 38 页。

〔4〕 参见孙宪忠：《论物权法》，法律出版社 2001 年版，第 454 页。

〔5〕 参见房绍坤、吕杰：《创设预告登记制度的几个问题》，载《法学家》2003 年第 4 期。

以上三种观点实际上都承认，预告登记并不是真正的物权，因为预告登记的权利人并不享有对所购房屋的支配权。但又与一般债权有所不同，因为预告登记的权利人可以对抗第三人，未经其同意处分该房屋是不发生物权效力的。根据《最高人民法院关于适用〈中华人民共和国物权法〉若干问题的解释（一）》（法释〔2016〕5号，以下简称《物权法》司法解释）第4条规定："未经预告登记的权利人同意，转移不动产所有权，或者设定建设用地使用权、地役权、抵押权等其他物权的，应当依照物权法第二十条第一款的规定，认定其不发生物权效力。"也就是说，这种处分行为不仅包括转移所有权，也包括设定他物权的行为。

我们认为，从预告登记后权利人所享有的权利特征来看，该权利更符合债权的特点，而非物权。该权利应当属于特殊债权，理由如下：

1. 就权利内容而言，该权利保护的是权利人在条件具备时请求预告登记义务人改为本登记来实现物权的请求权，也就是说，实质上仍为请求权而非支配权。最高人民法院物权法研究小组编著的《〈中华人民共和国物权法〉条文理解与适用》中明确指出："预告登记所登记的不是现实的不动产物权，而是将来发生不动产物权变动的请求权，它是在确定的财产权登记条件还不具备时，为了保全将来财产权变动能够顺利进行，而就相关的请求权进行的登记。"〔1〕

2. 就物权变动而言，该权利并没有让权利人对不动产的权利产生任何变动，预告登记并不能使权利人享有该不动产物权，该不动产的占有、使用、收益、处分权利仍然在其现时所有人处。预告登记并不能改变原物权状态，而只是保证权利人在条件成就时能够通过行使请求权来实现物权。

〔1〕黄松有主编，最高人民法院物权法研究小组编：《〈中华人民共和国物权法〉条文理解与适用》，人民法院出版社2007年版，第103页。

3. 就权利客体而言，在我国实践中，预告登记往往是为商品房预售而服务的。而商品房预售时，房屋一般还未建成，因此称为“预售”。也就是说这个时候，实际的“物”还不存在，预告登记所指向的特定房屋还未建成，物权之客体都不存在，物权自然也无法成立。该权利只能是一个针对将来可能产生的物权请求变动的请求权，即债权。

4. 就相对性而言，预告登记虽然规定未经权利人允许，处分不动产的行为不发生物权效力，但权利人只能向预告登记的义务人主张权利，而不能直接向第三人主张权利。这是相对性的表现，也是其性质是债权的突出特点。

因此，预告登记后权利人所享有的是一种特殊的、可以对抗第三人的债权。

### （二）预告登记与建设工程价款优先受偿权的冲突

由于在《合同法》与《最高人民法院关于建设工程价款优先受偿权问题的批复》（法释〔2002〕16 号，以下简称《批复》）出台之时，《物权法》尚未制定，因此在预告登记制度确立后，其与前法规定的一些权利不免产生了冲突，建设工程价款优先受偿权就是其中一例。

《批复》第 1 条、第 2 条规定了建设工程价款优先受偿权的权利层级，规定该优先受偿权优先于抵押权和其他债权，但不得对抗交付了购买商品房全部或大部分款项后的消费者。根据《合同法》第 286 条的规定，承包人可以与发包人协议将工程折价，也可以申请法院拍卖该工程，就该所得价款优先受偿。当承包人的优先权与预告登记权利人的过户请求权相冲突时如何解决，学者同样有着不同观点：有学者认为建设工程价款优先受偿权应当优于预告登记权利人的请求权；有学者认为应当根据权利设立的时间先后来确定，时间在先的，权利优先；还有学者认为预告登记权利人的请求权应当得到优先保护。前两种观点实为一种，因为建设工程价款优先受偿权成立时间应当是工程承包合同生效之时。但预告登记是在预售之后、有关部门进行登记时生效，晚于建设工程价款优先受偿权的成立时间。[1]

持“建设工程优先权应当优先”观点的学者认为：（1）从权利性质来看，建设工程优先权是担保物权，预告登记保护的请求权是债权，物权应当优先于债权，因此建设工程优先权应当优先于预告登记权利人之请求权；[2]（2）从预告登记的立法目的来看，其所要解决的是实践中存在的“一房二卖”问题，而非解决该权利是否优于建设工程优先权。该制度保护的不是现实的不动产物权，而是将来发生不动产物权变动的请求权。该请求权的实现恰恰得依赖于工程竣工或完成到一定程度才可，即承包人的施工行为是预告登记请求权能够实现的有力保障。如果不赋予建设工程承包人更为优先的地位，在发包人没有按照约定支付工程价款的情况下，就会起到鼓励承包人在建设工程竣工之前终止合同的效果，从而出现半拉子工程、“烂尾楼”工程，造成社会财富的限制和浪费，预售商品房买受人的权利更得不到保障。[3]

### （三）权利顺位比较分析

因《批复》明确规定了建设丁程价款优先受偿权不得对抗交付了购买商品房全部或大部分款项后的消费者，且我们在《建设工程价款优先受偿权与无过错房屋买受人过户权利的顺位问题调研报告》中对

〔1〕参见李庆华：《预告登记请求权与工程优先受偿权冲突及解决》，载《法制与社会》2008年第5期。

〔2〕参见李庆华：《预告登记请求权与工程优先受偿权冲突及解决》，载《法制与社会》2008年第5期。

〔3〕参见郦煜超、张锋平：《交房请求权能优先于工程价款吗？——从〈物权法〉的角度质疑〈最高人民法院关于建设工程价款优先受偿权问题的批复〉的合法性》，载《中国律师》2008年第4期。

此也进行了详细调研分析，因此我们认为，要解决建设工程价款优先受偿权与预告登记之间的权利顺位问题，落脚点还是在于判断预告登记权利人是否为消费者，是否支付了 50% 以上购房款。

1. 预告登记权利人为消费者，且支付了 50% 以上购房款

此种情况下，根据《批复》第 2 条的规定，承包人优先权本就无法对抗其权利。

2. 预告登记权利人为消费者，但尚未支付 50% 以上购房款

首先，需要说明的是，虽然法律对于预告登记并未设定严格前置条件，理论上只要签订房屋买卖合同后就可以按照约定申请预告登记，但实践中少有开发商尚未收到消费者支付的全部或大部分购房款，就同意办理预告登记的。能够办理预告登记的，多是已经支付了全部或者大部分购房款的消费者。因此，“预告登记权利人为消费者，但尚未支付 50% 以上购房款”在实践中本身就比较少见。即使有这种情况，我们认为其权利也无法对抗承包人之优先权。其理由是：

首先，从司法解释的规定来看，《批复》的第 2 条及一些地方法院的意见中都特别强调消费者在交付了大部分购房款的前提下才能对抗承包人的优先权。如仅凭预告登记就可以对抗承包人优先权的，有可能会架空对于消费者交付购房款比例的规定，有对消费者权益过分保护之嫌。况且，对于消费者作为房屋买受人的情况，已有《批复》第 2 条通过规定交付大部分房款的方式来保护消费者的过户权利。再以预告登记对消费者这一群体加以再次保护，实无必要。

其次，根据本文的分析，预告登记的权利性质为债权，而根据我们在《建设工程价款优先受偿权与无过错房屋买受人过户权利的顺位问题调研报告》中的分析，建设工程价款优先受偿权在性质上属于担保物权。当二者发生冲突时，除非法律另有规定，否则物权优先于债权。

再次，《最高人民法院关于人民法院办理执行异议和复议案件若

干问题的规定》（法释〔2015〕10号，以下简称《执行异议和复议案件的规定》）第27条规定："申请执行人对执行标的依法享有对抗案外人的担保物权等优先受偿权，人民法院对案外人提出的排除执行异议不予支持，但法律、司法解释另有规定的除外。"第30条规定："金钱债权执行中，对被查封的办理了受让物权预告登记的不动产，受让人提出停止处分异议的，人民法院应予支持；符合物权登记条件，受让人提出排除执行异议的，应予支持。"根据上述第30条的规定，办理了受让预告登记的房屋买受人在金钱债权执行中可以提出执行异议，排除强制执行的处分。但如果在该执行标的上存在对抗房屋买受人的担保物权的，根据第27条的规定，人民法院对该异议不予支持。由于承包人的优先权属于担保物权，因此可以对抗预告登记人的过户请求权。

最后，如前所述，实践中少有开发商尚未收到消费者支付的全部或大部分购房款，就同意办理预告登记的。如果消费者仅支付了少部分购房款开发商就同意为其办理预告登记，未免有阻碍承包人实现优先权的嫌疑。为了避免开发商恶意利用预告登记制度阻碍承包人实现优先权，如果消费者尚未支付50%以上购房款，即使已经办理了预告登记，也不应当对抗承包人的优先权。

此外我们注意到，有地方法院将预告登记单独作为可以对抗承包人优先权的情形。《四川省高级人民法院关于审理建设工程施工合同纠纷案件若干疑难问题的解答》（川高法民一〔2015〕3号）第39条规定："承包人、实际施工人不享有优先受偿权的情形有哪些？具有下列情形之一，承包人、实际施工人请求工程价款就承建的建设工程折价或拍卖的价款优先受偿的，不予支持：……（五）消费者购买承包人承建的商品房，并已经办理商品房产权变更或预告登记，或者消费者已交付购买商品房的全部或者大部分款项的。"对于该规定，我们认为值得商榷，毕竟预告登记不同于产权变更登记。

3. 预告登记权利人并非消费者

如前所述，《批复》是对作为消费者的房屋买受人权利的特殊保护，其仅保护“消费者”。如果预告登记权利人并非消费者，其自然不享有对抗建设工程价款优先权的权利。更何况承包人的优先权属于担保物权，而预告登记权利人的权利仅是一种特殊的债权，无法对抗物权。

### （四）关于未经预告登记的权利人同意无法处分不动产的的解释问题

一个可能的问题是，承包人为了实现建设工程价款优先受偿权而对在建工程进行折价、拍卖的，是否受到预告登记所规定的“未经预告登记的权利人同意，处分该不动产的，不发生物权效力”的限制。我们认为，承包人的优先权不受预告登记该规定的限制。

首先，前文已经分析，单纯的预告登记不得对抗承包人的优先权。既然不得对抗，其应有之意自然是不再受预告登记的效力——“未经预告登记的权利人同意，处分该不动产的，不发生物权效力”的限制。

其次，从法理上分析，预告登记最主要是为了防止开发商的“一房二卖”行为，保护的是处于弱势地位的购房者“将来的物权”。而建设工程价款优先受偿权则是为了解决社会上开发商长期拖欠工程款的现实问题，是为了保护承包人，尤其是承包人中工人的劳动报酬得以实现，为此突破债权的平等性，将承包人之债权以优先权的方式加以特殊保护。前者针对的是开发商对已卖房屋的再次擅自处分行为，后者针对开发商拖欠工程款的行为。而承包人通过折价、拍卖来实现建设工程价款优先受偿权的，已经不再是开发商对预售房屋的擅自处分，而是通过法律的规定对房屋进行的合法合理的处分。

最后，实践中工程价款优先受偿权的实现通常是通过法院进行拍卖来实现的。这种通过法律的强制力所进行的处分如果还需要得到预告登记权利人的同意才能发生物权效力，那么建设工程价款优先受偿权的实现难度将大大提高。而买受人是否能够办理预告登记完全取决于其与开发商的约定，与是否已经支付购房款或其他前置条件无关。如果认为建设工程价款优先受偿权的实现还要经过预告登记权利人的同意，则有可能造成开发商为了阻碍承包人实现优先权，恶意寻找买受人与之签订房屋买卖合同并办理预告登记的情况发生，更不利于保护承包人的优先权及其实现。

## 二、商品房预售合同备案登记

我国对于商品房预售合同备案登记制度主要在如下法律法规中得以建立：《城市房地产管理法》第 45 条第 2 款规定：“商品房预售人应当按照国家有关规定将预售合同报县级以上人民政府房产管理部门和土地管理部门登记备案。”《城市房地产开发经营管理条例》第 27 条第 2 款规定：“房地产开发企业应当自商品房预售合同签订之日起 30 日内，到商品房所在地的县级以上人民政府房地产开发主管部门和负责土地管理工作的部门备案。”《城市商品房预售管理办法》第 10 条第 1 款规定：“商品房预售，开发企业应当与承购人签订商品房预售合同。开发企业应当自签约之日起 30 日内，向房地产管理部门和市、县人民政府土地管理部门办理商品房预售合同登记备案手续。”

单纯的商品房预售合同备案登记是否会对承包人行使工程价款优先受偿权造成影响？我们认为不会，其理由如下：

第一，《房屋登记办法》第 70 条规定：“申请预购商品房预告登记，应当提交下列材料：（一）登记申请书；（二）申请人的身份证明；（三）已登记备案的商品房预售合同；（四）当事人关于预告登记的约定；（五）其他必要材料。”可见，预告登记的前置条件是商品房预售合同已经备案登记。而根据前文分析，单纯的预告登记尚不足以对抗建设工程价款优先受偿权，何况只是办理了商品房预售合同备案登记呢？

第二，从商品房预售合同备案登记的性质来看，商品房预售合同备案登记的主要规制对象是房地产开发企业，其目的是防止在实务当中的“一房二卖”情形。但未办理备案登记，并不影响商品房预售合同的效力。可见，商品房预售合同备案登记制度更多的是一种行政管理层面上的规范指引，是一种行政管理行为，对合同双方的权利义务并无影响。即使办理了备案登记，也没有赋予预购人可以对抗第三人的特殊权利，更不会产生物权效力。也因此，它不像预告登记一样具备阻断第三人对不动产进行处分的效果。房屋买受人如仅有预售合同备案登记，但未支付全部或大部分购房款，依然不能对抗承包人的建设工程价款优先受偿权。

## 三、总结

已经办理了预告登记或预售合同备案登记的房屋买受人的过户请求权能否对抗承包人的建设工程价款优先受偿权，归根结底还是要看房屋买受人是否为消费者、是否支付了50%以上的购房款。虽然办理了预售合同备案登记或预告登记，但如果买受人并非消费者，或虽为消费者但支付房款不足50%的，都无法对抗在先形成的具有担保物权性质的承包人的建设工程价款优先受偿权。

# 第十一章

# 建设工程优先受偿权与以工程抵债的材料商等权利人过户权利的顺位问题

◇ 孙 巍[*] 吴 凡[**] 舒 曼[***]

在实践中，房地产开发商由于自身的资金链出现断裂，有时会采用以工程（房屋）抵债。而当开发商将工程抵债给材料商、银行等权利人后，承包人的建设工程价款优先受偿权是否会受到影响，其与材料商等权利人的过户权利的顺位如何确定，本文将进行调研讨论。

**【基本观点】**

我们在《建设工程价款优先受偿权与无过错房屋买受人过户权利的顺位问题调研报告》中已经指出，建设工程价款优先受偿权在性质上属于特殊的担保物权（此处不再赘述），而这也是本调研报告展开的前提条件。而材料商等权利人要求开发商将工程进行过户的权利，属于债权请求权。

在我国当前物债二分的权利体系架构下，普遍认为在同一标的物

---

* 孙巍，北京市中伦律师事务所合伙人律师。

** 吴凡，北京市中伦律师事务所律师。

*** 舒曼，北京市金杜律师事务所律师助理。

上，既存在物权又存在债权的，物权应当优先于债权。鉴于承包人优先权属于物权，而材料商的过户登记请求权属于债权，故建设工程价款优先受偿权应当优先于材料商的过户登记请求权。

【观点解读】

《最高人民法院关于建设工程价款优先受偿权问题的批复》（法释〔2002〕16号，以下简称《批复》）第1条规定："人民法院在审理房地产纠纷案件和办理执行案件中，应当依照《中华人民共和国合同法》第二百八十六条的规定，认定建筑工程的承包人的优先受偿权优于抵押权和其他债权。"第2条规定："消费者交付购买商品房的全部或者大部分款项后，承包人就该商品房享有的工程价款优先受偿权不得对抗买受人。"从上述两条的规定可以看出，除了支付了购买商品房全部或大部分款项的消费者的债权可以对抗建设工程价款优先受偿权之外，其他的债权甚至抵押权都要让位于承包人优先权的行使。

《最高人民法院关于人民法院办理执行异议和复议案件若干问题的规定》（法释〔2015〕10号）第27条规定："申请执行人对执行标的依法享有对抗案外人的担保物权等优先受偿权，人民法院对案外人提出的排除执行异议不予支持，但法律、司法解释另有规定的除外。"

《重庆市高级人民法院关于审理和执行涉及"四久工程"纠纷案件若干问题的意见》（渝高法〔2003〕179号）第18条规定："已执案件的处理为了实现对'四久工程'的整体处置，对已经由人民法院裁定以物抵债的房屋，经当事人申请，人民法院应将其纳入统一执行。其受偿金额按照司法评估机构确认的以物抵债的房屋在整个'四久工程'中的价值比例计算。在该房屋没有其他优先受偿权的情况下，其受偿顺序为第一顺序。"第21条规定："受偿顺序同一标的上设有多个债权的，按以下顺序依法清偿：（一）'四久工程'被拆迁安置人债权；（二）已交纳全部或大部分购房款并用于居住的购房消费者债权；（三）享有优先受偿权的建设工程款；（四）设定抵押的债权；

（五）普通债权。”

《江苏省高级人民法院民二庭宏观经济形势变化下的商事司法问题研究》中也指出：“……且建设工程施工合同也没有赋予承包人的留置权。为保护承包人的合法权益，在发包人无力支付工程款时，根据最高人民法院相关批复的意见，建设工程的承包人的优先受偿权优于抵押权和其他债权。但消费者交付购买商品房的全部或者大部分款项后，承包人就该商品房享有的工程价款优先受偿权不得对抗买受人。”

从以上司法解释、法院观点中可以看出，建设工程价款优先受偿权的效力排序是在抵押权、普通债权之前、交付了全部或大部分购房款的消费者权利之后的。由于材料商等权利人不是购买房屋的消费者，法律、司法解释也没有对其作出特殊规定，因此材料商等抵债权利人的过户请求权应当属于普通债权，不能适用对消费者的特殊保护规定，而应后于承包人优先权行使。

**【典型案例 11.1】**

## 徐筱平诉衢州市健立石油制品有限公司破产债权确认纠纷案

在徐筱平诉衢州市健立石油制品有限公司破产债权确认纠纷案中，虽不涉及债权人与承包人之间的纠纷，但法院在判决中认为，以房抵债如果并非以生活消费为目的，不能适用《批复》的相关规定享有优先受偿权。法院指出：“……其第二条将交付购买商品房的全部或者大部分款项的购房户认定为消费者，保护的是购房者的居住权和生存权。消费者是为生活消费需要购买、使用商品或者接受服务的社会成员，本案中原某即使在案外人顾小峰抵押权登记前形成房屋买卖合同，但这种以房抵债显然并非‘为生活消费需要购买房屋’，不符合上述‘消费者’的定义，故不能适用法释〔2002〕16 号享有购房款优先受偿权。”由此可以推知，以房抵债的材料商对于房屋的权利，包括过户登记请求权、对房屋变卖后价款的受偿权，都应当后于承包人的优先受偿权行使。

**【典型案例 11.2】**

## 六安市远方建设工程有限公司执行异议案

而在六安市远方建设工程有限公司执行异议一案中，承包人应当享有优先受偿权的工程中的部分房屋被法院此前的生效判决以“以房抵债”的形式判决给了他人并执行，承包人提出异议，认为自己对该房屋享有优先受偿权。最终法院裁定对于尚未付清工程价款的房屋，承包人的异议成立。[1]

**【典型案例 11.3】**

## 徐州市六建公司诉东北商场有限公司建设工程施工合同再审案

在徐州市第六建筑安装工程公司诉松原市东北商场有限责任公司第三人安宪福之间建设工程施工合同纠纷再审一案中，案涉工程东北商场新营业楼的地上三层均被东北商场用“以房抵债”方式抵偿给了贷款人。鉴于东北商场拖欠工程款，承包人徐州六建提出对该部分被“以房抵债”的房产仍然享有优先受偿权。法院最终判决确认了徐州六建享有建设工程价款优先受偿权的范围即其所主张的营业楼地上三层，如东北商场没有按判决要求支付工程款的，徐州六建有权利就营业楼的地上三层行使优先受偿权。

**【实务中应注意的问题】**

基于现行法律规定并结合司法实践情况，可以得出承包人的建设

---

〔1〕 参见安徽省六安市中级人民法院（2015）六执异字第 00006 号执行裁定书。

工程价款优先受偿权应当优先于以工程抵债的权利人的过户权利的结论。

从建设工程价款优先受偿权的制度价值出发，该权利的设置背景是社会上开发商长期拖欠承包人工程款的现实。由于承包人的工程价款不仅仅涉及承包人的利益，往往还牵涉大量劳动者尤其是农民工的报酬。劳动报酬无法得到实现的，很可能引发社会问题。正是为了维护相对于开发商而言居于弱势的承包人之债权的实现，也是为了维护劳动者的报酬权，进而实现社会公平，促进社会稳定，因此才将承包人的工程价款债权以设定法定优先权的方式加以特殊保护，突破债权的平等性，使承包人的工程价款得到第一顺位的实现。这也是优先权这一权利类型在罗马法上最初出现时的目的——保护特种债权，保护弱势债权人。

承包人的优先权本应当优先于所有一般债权，但基于现实的考虑，仅对一类人的权利加以特殊考虑，那就是购房消费者。因为实践当中，消费者购买商品房往往是为了满足其生活所需。如将已付大部分价款的消费者所预购的房屋也视作承包人优先受偿权的权利客体，对消费者而言有失公平。因此，最高院以《批复》的形式对满足条件的购房者加以特殊保护。这是基于购房者的生存权利是基本权利，应当优先于承包人的经营权的角度来考虑的。

而以工程抵债的材料商的债权，并不涉及生存权利等特殊利益的考量，也就没有对其加以特别保护的必要。因此，对于以工程抵债的材料商的过户请求权，应当视作普通债权，在行使时要让位于承包人的建设工程价款优先受偿权。

# 第十二章

## 建设工程优先受偿权对已办理产权过户登记的房屋之追及力问题

◇ 亓培冰[*] 史智军[**]

**【基本观点】**

建设工程优先权对已办理过户登记的房屋不享有追及力，然建设工程所有权人和产权登记人不存在真实的交易关系、恶意串通损害承包人工程款债权的除外。

**【观点解读】**

讨论该问题的前提，需首先明确购房主体的性质和过户登记的原因。就购房主体性质而言，结合《最高人民法院关于建设工程价款优先受偿权问题的批复》（法释〔2002〕16号，以下简称《最高院批复》），当分为消费者和非消费者两类；就过户登记的原因而言，可分为买卖和非买卖（如以物抵债）两种。就购房主体和过户登记原因结合的具体情形，大致分为以下四种：第一，消费者已经支付

---

* 亓培冰，上海市方达（北京）律师事务所合伙人，原北京市第三中级人民法院民一庭庭长，审判委员会委员。

** 史智军，北京市第三中级人民法院民一庭法官。

大部分或全部购房款而取得登记；第二，非消费者已经支付大部分或全部购房款而取得登记；第三，非消费者通过以物抵债方式取得登记；第四，消费者和非消费者与建设工程所有人不存在真实的交易关系，或者恶意串通取得登记，以损害承包人的工程款优先权为目的。针对以上四种情形，建设工程优先权是否存在追及效力，具体分析如下：

对于上述第一种情形，其结果当无争议。依照《最高院批复》的内容“消费者交付购买商品房的全部或大部分款项后，承包人就该商品房享有的工程价款优先受偿权不得对抗买受人”，该批复中，消费者享有对抗承包人的建设工程优先权时并不需要以办理登记为要件，只需要交付全部或大部分款项即可，故此，满足上述条件且已办理完毕产权登记的消费者，当然可对抗承包人的优先受偿权。

对于上述第二种和第三种情形，因其并非《最高院批复》内容所涵盖，故实践中存在不同认识。上述两种情形的本质一致，即都是非消费者通过支付代价的方式获取了房屋的登记，且涉及的都是建设工程优先权和登记物权之间的冲突。作为法定担保物权的一种，建设工程优先权的追及效力如何，目前并无明确的法律规范，但笔者认为可参考借鉴有关抵押权的规定。《最高人民法院关于适用〈中华人民共和国担保法〉若干问题的解释》（法释〔2000〕44 号）第 67 条规定：“抵押权存续期间，抵押人转让抵押物未通知抵押权人或未告知受让人的，如果抵押物已经登记，抵押权人仍可以行使抵押权，取得抵押物所有权的受让人，可以代替债务人清偿其全部债务，使抵押权消灭。受让人清偿债务后可以向抵押人追偿。如果抵押物未经登记的，抵押权不得对抗受让人，因此给抵押权人造成损失的，由抵押人承担赔偿责任。”此外，《物权法》第 187 条规定：“以本法第一百八十条第一款第一项至第三项规定的财产或者第五项规定的正在建造的建筑物抵押的，应当办理抵押登记。抵押权自登记时设立。”《物权法》第 188

条规定："以本法第一百八十条第一款第四项、第六项规定的财产或者第五项规定的正在建造的船舶、航空器抵押的，抵押权自抵押合同生效时设立；未经登记，不得对抗善意第三人。"由此可知，对于不动产抵押，我国法律规定为登记要件主义，抵押权登记时成立；对于动产抵押权，我国法律的规定体现了登记对抗主义，即未经登记不得对抗善意的受让者。

从民法基础理论分析，物权法的基本原则之一为公示公信，即"物权具有排他性，其变动要产生排他性的效果，如果没有由外界辨认其变动的表征，则会使第三人遭受不测的损害。若无物权的公示制度，则在现代物权交易频繁的情形下，不仅物权交易的安全会受到损害，而且也会势将损害第三人的利益，并引起物权交易秩序的紊乱。"[1] 就承包人的建设工程优先权而言，我国现行法律并未规定其需登记，即缺乏登记公示程序，故对于第三人而言，其购买房屋时根本无从知晓房屋上是否存在承包人的优先权，如让已办理完毕登记的房屋随时面临被折价或拍卖的风险，则明显有失公平，且不利于市场交易的稳定，故对于第二种和第三种情形，笔者认为建设工程优先权并无追及效力，不能就已经登记的房屋优先受偿。然实践中亦存在另外一种观点认为："作为一种法定优先权，法律已经明确赋予了承包人就其承建的工程享有建设工程价款优先受偿的权利，从一定意义上讲这就是一种公示，对建设工程发包人享有债权的第三人当据此推断某一建设工程上可能负担着建设工程价款优先受偿权，此时，该第三人可以要求发包人向其出具经承包人签章确认的发包人已支付全部工程款的证明，以明确某建设工程上是否负担着建设工程价款优先受偿权。如发包人不能出具经承包人签章都已支付全部工程款的证明，则该第三人应推测其建设工程上可能负担着建设工程价款优先受偿权，

[1] 梁慧星、陈华彬：《物权法》，法律出版社 2007 年版，第 89 页。

其受让该建设工程就不能适用善意取得规则而对抗工程承包人的优先权。”[1] 笔者认为，该观点对于第三人的义务规定的较为苛刻，且要求发包人出具的证明缺乏实践操作性。如果受让人在已经支付了转让款项的情况下，同时又不得不承受工程受追及的不利后果，其风险超出了受让人的可以预见、可以控制的范围，会对交易安全造成重大不利，兹事体大，应该予以慎重。

对于上述第四种情形，如消费者或非消费者与建设工程所有人之间无真实的交易关系，即使存在形式上的合同关系，但该合同也可能被认定为无效；如双方恶意串通，以损害承包人的利益为目的，或者客观上损害了承包人的工程款债权，在此基础上所发生的所有权转让基础行为无效，物权缺乏变动的法定理由，承包人的优先权自然享有追及力，可以就该房屋享有优先受偿权。

**【实务中应注意的问题】**

1.《最高院批复》之所以赋予特定情形中的特定主体即消费者的债权可以对抗承包人的优先权，其主要理由为：消费者的利益属于生存利益，是最基本的人权，而承包人的利益属于经营利益，两相比较，消费者的生存利益、基本人权应当优先。[2] 然而对已完成登记的房屋，购买人是否属于消费者的范围已非首要问题，此时需要考虑的是未经登记的承包人优先权和已登记物权之间的优劣排序。

2. 房屋过户登记的原因具有多样化特征，故此，在遵循承包人的优先受偿权对于已办理登记房屋原则上不具有追及力的同时，尚需在审理过程中查明过户的具体原因及是否存在建设工程所有权人和买受

---

〔1〕 最高人民法院民一庭：《通过以物抵债方式取得建设工程所有权的第三人，不能对抗承包人行使建设工程价款优先受偿权》，载最高人民法院民事审判第一庭编：《民事审判指导与参考》（2012 年第 3 辑 · 总第 51 辑），人民法院出版社 2012 年版。

〔2〕 参见杨永清：《建设工程价款优先受偿权司法解释的理解与适用——兼谈与该权利有关的几个重要问题》，载《判解研究》（2002 年第 3 辑），人民法院出版社 2002 年版。

人恶意串通的事实，其根本目的在于表明唯有产权登记者为善意第三人时，登记才具有对抗承包人优先权的效力。

**【各地法院的相关规定】**

1.《四川省高级人民法院关于审理建设工程施工合同纠纷案件若干疑难问题的解答》

39. 承包人、实际施工人不享有优先受偿权的情形有哪些?

具有下列情形之一，承包人、实际施工人请求工程价款就承建的建设工程折价或拍卖的价款优先受偿的，不予支持：

……

（五）消费者购买承包人承建的商品房，并已经办理商品房产权变更或预告登记，或者消费者已交付购买商品房的全部或者大部分款项的。

2.《南京市中级人民法院关于审理涉及建设领域拖欠工程款和民工工资案件有关具体问题的指导意见》

第十九条第一项　承包方承建的建设工程所有权已经转移，承包方向人民法院主张优先权的，人民法院不予支持。

**【典型案例 12.1】**

## 尹艳芳、杨国会与上海耀河建设工程有限公司执行异议案[1]

在上海耀河建设工程有限公司（以下简称上海耀河公司）与新铜城公司建筑工程施工合同纠纷仲裁过程中，徐州市中级法院于 2013 年 7 月 22 日查封新铜城公司所有的包括涉诉的 Z9－1－1102 室房产在内的房产计 92 套。然在 2009 年 12 月 4 日的时候，尹艳芳、杨国会与新铜城公司就签订购买涉诉房产的商品房买卖合同，约定该商品房总金

〔1〕 参见江苏省徐州市中级人民法院（2015）徐执异字第 6 号执行裁定书。

额为575，246元，签订合同时付款175，246元，余额400，000元办理贷款。签订合同当日，新铜城公司为尹艳芳、杨国会开具销售不动产统一发票，金额为175，246元，性质为预收购房款。2010年1月11日，新铜城公司为尹艳芳、杨国会开具销售不动产统一发票，金额为400，000元，性质为预收购房款。2009年12月16日，尹艳芳、杨国会缴纳争议房产涉及的契税11，505元。

在得知涉诉房屋被查封后，尹艳芳、杨国会向徐州中级法院提出执行异议，要求解除对涉诉房屋的查封。

上海耀河公司答辩称其查封的是新铜城公司的房产，其享有建筑工程优先受偿权，请求法院予以保护。

法院认为：尹艳芳、杨国会对未办理过户登记无过错，其权利应受保护。尹艳芳、杨国会与新铜城公司签订购买争议房产的商品房买卖合同，不违反法律的强制性规定，应属有效合同；其缴纳购房首付款175，246元，并办理了400，000元的贷款，应视为其向合同相对人即新铜城公司的付款义务履行完毕；前述合同约定新铜城公司应在2011年3月31日前将争议房产交付尹艳芳、杨国会使用，但因为新铜城公司的原因，没有按期交付。关于争议房产的过户登记问题亦因新铜城公司的原因没有办理，异议人对此无过错。尹艳芳、杨国会对争议房产享有的权利优于上海耀河公司建筑工程优先受偿权。根据《最高人民法院关于建设工程价款优先受偿权问题的批复》（法释〔2002〕16号）第2项规定，消费者交付购买商品房的全部或者大部分款项后，承包人就该商品房享有的工程价款优先受偿权不得对抗买受人。本案中，尹艳芳、杨国会基于对新铜城公司的信任与其签订购买本案争议房产的商品房买卖合同，并交纳购房款以及该房产涉及的契税等相关费用，其对争议房产享有的权利优于承包人就该商品房享有的工程价款优先受偿权。

# 第十三章

# 建设工程优先受偿权对工程转让价款实现物上代位问题

◇ 亓培冰* 史智军**

**【基本观点】**

建设工程款优先权对于工程转让价款可以实现物上代位，即施工人可以就发包方转让工程所得的价款优先于普通债权人、抵押权人等权利人而受偿。

所谓物上代位性，是指担保物因灭失、毁损而得受赔偿金者，该赔偿金成为担保物之代替物，担保物权人得就该代替物行使担保物权，谓之担保物权之物上代位性或代物担保性。此因担保物权乃在于对标的物交换价值之直接支配，故此种交换价值于现实化时，无论其原因为何，均应为担保物权效力所及[1]。

就建设工程款优先权的性质而言，有多种学说与观点，主要有先取特权说、不动产留置权说、法定抵押权说和法定优先权说。但无论

---

* 亓培冰，上海市方达（北京）律师事务所合伙人，原北京市第三中级人民法院民一庭庭长，审判委员会委员。

** 史智军，北京市第三中级人民法院民一庭法官。

〔1〕 参见谢在全：《民法物权论》（下册），中国政法大学出版社1999年版，第540页。

持哪种学说，均大同而小异。而其相同之处，则在于建设工程款优先权的担保属性，即通过对所建工程的折价、拍卖、变卖，就其价款优先于一般债权、抵押权等权利，实现优先获得清偿。因此，其为从属性的权利、物权性质的权利，即为担保工程款债权的存在而存在。这一性质决定了工程转让价款的物上代位性。

【观点解读】

关于工程转让价款是否物上代位的范围，我国立法、司法解释均未予以规定，理论与实务中的探讨也不多见。结合国外的比较法例，总结起来，可有以下三种立法及学说。

第一种观点是否定说，即工程款转让的价金不属于物上代位的范围。此种观点认为，买卖价金请求权之是否得物上代位的标的，应采否定说，盖以抵押权人，得行使物权的追及效力，追及至受让人处实行其抵押权。故抵押物犹存，则无物上代位之必要，同时亦无从产生物上代位。在此比较法之立法例中，德、瑞、法三国均采此否定态度[1]。

按照上述立法例，在发生工程转让时，不管工程转让给何人，施工人可以追及至受让人，其对工程的拍卖、变卖款项优先受偿的权利不受影响，从而不必通过对工程的转让价款而物上代位获得救济。

第二种观点是有限认可说，即原则上承认根据标的物的出售、出租、灭失或者毁损均可产生代偿物的物上代位，但出售情况下的物上代位通常仅存在于追及力被阻碍的动产的先取特权中，不动产出售价金的先取特权仅在某种程度上被有限认可，主要以日本民法为其代表。日本民法中建设工程款的优先权属于先取特权的性质，所谓先取特权，即法律规定的特殊债权人，可以债务人的一定财产得到优先偿还的法定的担保物权，包括建造房屋承包人在得不到其承包费时，能拍卖其

---

〔1〕 参见刘得宽：《民法诸问题与新展望》，台北，三民书局1980年版，第369~370页。

房屋得到优先受偿，是根据法律当然发生的“特权”[1]。日本《民法》在第八章“先取特权”第 304 条“物上代位”中规定：“(一) 先取特权，对债务人因其标的物变卖、租赁、灭失或者毁损而应受的金钱或者其他物，亦可行使，但是先取特权人于支付或者交付前，应实行扣押。(二) 关于债务人于先取特权标的物上设定物权的对价，亦同。”[2]。按照此种立法例，一方面，我们看到，先取特权是一种价值权，其标的物因出售、出租、灭失或者毁损时，有应从债务人处取得的金钱及其他物品时，先取特权人能行使该权利，即肯定先取特权于标的物出卖时，对于出卖所得的价金可得行使；另一方面，因不动产的先取特权因为需要登记，所以，如该不动产被转让给了第三人，先取特权人可以行使追及权，故也有日本学者认为，此种情形下认可物上代位是无意义的，认可有追及力的担保权中的物上代位权是一种过分保护，这与抵押权的情况相同，应否定物上代位；但在解释上，则在某种程度上认可“出售”价金的物上代位。如果抵押权人行使物上代位权，抵押权就被消灭，追及效力被切断[3]，即不动产的转让价金物上代位性的有限度承认。

第三种观点是肯定说，即肯定工程款优先权对于工程的转让价款具有物上代位性。工程款优先权是对于工程的物上担保的权利，该工程的价值形态的变化，不影响担保权利的存在。通常，物上代位存在于担保物毁损、灭失情形下的价值替代物，即发包人物权的“绝对消灭”才产生物上代位问题；物的转让、出售，则是发包人物权的“相对消灭”。无论前者情形下物的权利转化为损害赔偿请求权、保险金的请求权，还是后者物的权利转化为转让价金的请求权，二者并无实质上的

---

[1] 参见［日］近江兴治：《担保物权法》，祝娅等译，法律出版社 2000 年版，第 31 页。

[2] 王书江译：《日本民法》，中国人民公安大学出版社 1999 年版，第 52 ~ 53 页。

[3] 参见［日］近江兴治：《担保物权法》，祝娅等译，法律出版社 2000 年版，第 42 页。

差别，都是物的价值的转化形式。承认工程款优先权可对工程转让价款行使物上代位，符合工程款优先权作为价值权、担保权的权利特性，不仅有利于发包人尽快通过转让工程获得资金，也有利于承包人实现工程款受偿，有利于恰当平衡发包人、承包人、受让人三方的利益。

笔者同意第三种观点。理由在于：

一是此种观点符合建设工程款优先权“价值权”的性质定位。工程款优先权性质上为担保物权的一种，具有价值权的属性，即以优先支配标的物的交换价值为主要内容。担保物权是由价值权支配的，“代偿权”因为是担保物的价值变形物（交换价值的实现），所以担保物权的效力当然可以追及其“代偿物”；担保权既然是物权，其标的物如被消灭的话，物权当然也被消灭（物权法的一般原则），对于上述“代偿物”赋予担保权的效力，是根据法律特别规定的政策判断的[1]。在担保的标的物相对消灭，而转化为价金或者价金请求权时，赋予工程款债权对于此价金或者价金请求权的优先性，符合建设工程优先权的价值权属性。

二是有利于平衡发包人、施工人和工程受让人三方利益。建设工程款优先权为法定的优先权，具有担保物权的属性，按照大陆法系的立法例，该权利可以追及物的受让人而行使。对于施工人来说，如果不允许对工程的转让价款行使优先权，那么施工人必然按照法定抵押权的规定，追及受让人，要求对其受让的工程进行拍卖、变卖行使优先受偿权，否则建设工程优先权必然成为一句空话；在我国目前立法对工程款优先权未要求进行登记的情况下，工程款优先权是否存在、其数额大小均无公示性，如果允许该优先权可以任意行使追及至受让人，则受让人既支付了转让款项，又要承受工程被拍卖、变卖的双重不利后果，显然对受让人不公平，也妨害交易安全的实现；而如果不

---

〔1〕 参见［日］近江兴治：《担保物权法》，祝娅等译，法律出版社2000年版，第40页。

允许承包人追及该工程行使优先权，又可能造成承包人的工程款优先权被虚置、架空。反过来，在立法方案设置上，如果因建设工程存在工程款优先权而否定工程转让的合法性，即不允许发包人对涉案工程进行转让，也不是一种最佳的利益安排。因为，这样做表面看似乎保护了承包人的利益，但对于发包人获得融资重大不利，对于实现施工人的工程款优先权也并无殊益，不是最佳的解决方案。因此，最优的方案应是允许发包人在征得承包人同意并告知受让人的情况下，可以对工程进行转让，承包人对于工程转让价款有优先受偿的权利，发包人可以获得融资、实现收益、偿付工程债务，承包人工程款得以优先受偿，受让人在获得工程的同时也不必受追及之负累，三者利益可得最佳平衡，达到"帕累托最优"。

三是承认工程款优先权对于工程转让价款的物上代位，是我国建设工程优先权立法不尽完善情况下的合理之选。从以上分析可以看出，在各国立法例中，无论是否定说，还是有限认可说，其否定优先权对于工程转让价款的物上代位性，并非基于该优先权的效力"不应该"及于工程转让价款，而是"不必要"及于。因为，施工人可以行使追及权，追及工程的受让人而行使物上权利，故而不必要叠床架屋，过分保护施工人。而我国情况则不同，工程款优先权立法粗疏，尤其是在没有该权利登记的情况下，缺乏物权属性的公示性要求，不宜简单地认为可以产生追及效力。因此，使其对工程转让价款具有优先性，是在允许工程转让的情况下，保护施工人工程款债权的合理选择。

**【实务中应注意的问题】**

（一）存在工程款优先权的工程被转让的，优先权人能否追及到受让人行使优先权

笔者认为，在目前的立法状况下，优先权人不能追及到受让人行使优先权。也就是说，工程发生所有权转让的，在受让人善意而不知

道工程上存在优先权的，承包人的工程款优先权因此而消灭，承包人不能再对受让人所有的工程进行拍卖、变卖而优先受偿。

工程款优先权是否存在、数额并无登记制度，也无登记机关，缺乏物权的公示性。因此，受让人在受让涉案工程时，不能从登记中得知工程上存在物上负担。如果允许承包人的优先权可以追及，则对于受让人的权利会造成重大损害，危害交易安全。在受让人已经依法通过交易取得工程的物权，尤其是已经变更登记，成为登记权利人的情况下，其应该获得物权法关于所有权人的保护，足以对抗承包人的权利主张。承包人的权利本质上是债权，但因为其对工程投入了人力、物力、财力，所以该债权可以优先于其他发包人的债权人和抵押权人，但由于该优先权未经公示，故无法产生追及力。在与依法取得物权登记的受让人的物权之间进行权衡中，应该保护受让人的物权。

在目前的立法规定下，正是因为工程款优先权人不能追及受让人行使优先权，所以才有对转让价款行使物上代位的必要性。笔者也认同德国、法国、日本等比较法上的观点，即在优先权可以追及到受让人的情况下，“没有必要”对转让的价款进行物上代位；反言之，在无法追及的情况下，应该对转让价款行使物上代位。

（二）存在工程款优先权的工程能否转让以及转让合同的效力

如果工程之上存在工程款债权的负担，承包人对于工程有优先权，而优先权具有担保物权的性质，那么，在工程款债权受偿之前，该工程能否转让？尤其是按照前述问题，工程款优先权可能因为工程转让而丧失，那么，讨论能否转让的问题更为必要。对此有两种观点：

一种观点认为该工程不能转让。该观点认为，在工程款优先权无法追及到受让人的情况下，无疑承包人已经无法对工程本身行使优先权。那么，为保障承包人的工程款债权，在未征得承包人同意的情况下，应参照存在抵押权的不动产转让规定，不应允许工程予以转让。如果签订了转让合同，则合同无效，或者合同不能履行而应解除，从而保障工程在发包人的名下，作为优先权的标的范围。

另一种观点则认为该工程可以转让。其主要理由是，虽然存在工程款优先权这一担保性质的物权，但工程所有权仍然属于发包人，发包人有权对于工程予以转让；即使按照《物权法》第 191 条、《担保法》第49 条等关于抵押物转让的规定，抵押期间，抵押人经抵押权人同意，是可以转让抵押财产的，只是需要将转让所得的价款向抵押权人提前清偿债务，或者予以提存；抵押期间，抵押人未经抵押权人同意，不得转让抵押财产，但受让人代为清偿债务消灭抵押权的除外〔1〕。因此，存在工程款优先权的工程可以转让，该“转让合同”不因未经过优先权人同意而无效，只是存在工程款优先权的工程转让过户之前，优先权人可以提出异议，有可能导致转让合同履行不能。

笔者同意后一种观点。能否转让涉及的是所有权或者处分权问题，工程款优先权的存在并未剥夺发包人的处分权；且优先权是担保物权的性质，本质上属于价值权范畴，转让是价值实现的方式，协调得当二者并不冲突。即使所有权和处分权不存在，也不是导致转让合同无效的理由〔2〕。

---

〔1〕《物权法》第 191 条规定：“抵押期间，抵押人经抵押权人同意转让抵押财产的，应当将转让所得的价款向抵押权人提前清偿债务或者提存。转让的价款超过债权数额的部分归抵押人所有，不足部分由债务人清偿。抵押期间，抵押人未经抵押权人同意，不得转让抵押财产，但受让人代为清偿债务消灭抵押权的除外。”《担保法》第 49 条规定：“抵押期间，抵押人转让已办理登记的抵押物的，应当通知抵押权人并告知受让人转让物已经抵押的情况；抵押人未通知抵押权人或者未告知受让人的，转让行为无效。转让抵押物的价款明显低于其价值的，抵押权人可以要求抵押人提供相应的担保；抵押人不提供的，不得转让抵押物。抵押人转让抵押物所得的价款，应当向抵押权人提前清偿所担保的债权或者向与抵押权人约定的第三人提存。超过债权数额的部分，归抵押人所有，不足部分由债务人清偿。”

〔2〕《最高人民法院关于审理买卖合同纠纷案件适用法律问题的解释》第 3 条规定：“当事人一方以出卖人在缔约时对标的物没有所有权或者处分权为由主张合同无效的，人民法院不予支持。出卖人因未取得所有权或者处分权致使标的物所有权不能转移，买受人要求出卖人承担违约责任或者要求解除合同并主张损害赔偿的，人民法院应予支持。”

（三）存在工程款优先权的工程在转让时，如何保护承包人的权利并兼顾各方利益

1. 发包人在转让存在工程款优先权的工程时，应该通知承包人，并告知受让人。

此时，承包人应该就已完工程进行结算，确认发包人应承担的工程款的数额，明确优先权的范围；然后，三方应就施工合同的履行、工程款的给付等协议约定。转让方、受让方可以与施工方协商终止原施工合同，在对已完工程进行结算的基础上，约定由转让方承担合同终止后的债权债务，包括用转让价款偿还应付的工程价款，不足部分由转让方负责清偿；转让双方与施工方也可以协商终止原施工合同，在对已完工程进行结算的基础上，约定由受让方承担合同终止后的债权债务，包括清偿应付的工程价款；如果承发包双方尚未对工程进行结算，而转让款已届支付时间，三方可以约定对该款项予以提存。

转让方、受让方与施工方也可以协商，由受让方加入发包人与施工方的建设施工合同履行债务，或者作为债务承担方，替代转让方继续履行原施工合同，此时，施工方仍可以对受让人主张权利，包括对工程行使优先权。

2. 如果发包人在转让存在工程款优先权的工程时，未通知承包人，或者也未告知受让人涉案工程上存在优先权。

第一，即使发包人未通知承包人而签订工程转让合同，此时，该合同如无违反法律强制性规定的情形，应属有效。

第二，如果该工程已经过户给受让人，受让人为善意，且无违反法律强制性规定的情形，承包人的工程款优先权不得追及，无权对受让人主张，即不可要求对工程行使拍卖、变卖以优先受偿。所谓善意，即不知道且不应当知道该工程上存在优先权。此问题在后面再予以论述。

第三，承包人可以通知受让人，对受让人就应付而未付的转让款而主张权利，要求对该款项优先受偿。如果工程已经过户，承包人有

权利要求转让人及受让人提供转让合同，披露转让款及其支付情况，并要求受让人对转让人停止支付；如果转让人及受让人不予配合，承包人可以对二者提起诉讼。原则上，如果受让人善意地不知道涉案工程存在工程款优先权的负担，其对发包人支付转让款项的，对承包人仅在余款的范围内予以支付；如果承包人已经告知受让人对转让人止付，而受让人仍对转让人支付的，应以通知之日起为标准，确定应对承包人优先受偿的数额。

第四，在发包人和受让人仅签订了转让合同，但未办理工程过户登记的情况下，承包人能否以工程款未满足、优先权未实现为由，主张对工程的优先受偿，要求法院判决双方停止办理过户手续？在涉及受让人是普通的购房主体即消费者的情况下，消费者支付了大部分购房款的，可以优先于房屋的抵押权和工程款优先权，在受让人为消费者之外的其他主体的，面临着权利的冲突与平衡保护问题，有特别讨论的必要。此时，承包人与受让人均对涉案工程享有债权，承包人享有的是工程款债权，该债权可以对涉案工程行使优先权；受让人享有的是请求转移占有及过户登记的请求权。二者权利发生冲突，应如何权衡保护，除上述购房者为消费者情形外，法律并未明确规定，但可以依据法理予以推论。笔者认为，在工程并未过户的情况下，原则上应优先保护施工方的债权，即允许施工方对工程拍卖、变卖而优先清偿债权。其理由有三：

一是虽然承包人、受让人同为债权人，但承包人的债权有工程作为担保，工程款优先权具有物权属性，有担保的物权优先于普通债权。

二是施工人在工程款结算并偿付前，通常占有涉案工程，该占有对于不动产来说，虽非物权的表征，但参照相关司法解释的法理，占有者对干非占有具有优先效力。

三是虽然工程款优先权未予以登记，受让人不能从登记中得知工程上存在的物上负担，对受让人的保护涉及交易安全问题，但参照物权法关于善意取得的法律规定及法理，在受让人尚未取得物权时，通常劣后于原权利人；而原权利人为发包人，此时又劣后于承包人的权利，故承包人的权利应该受到优先保护，即承包人可以对涉案工程主张优先受偿权。

当然，在工程尚未过户的情况下，承包人对工程享有工程款优先权，此时对于工程的转让款自然没有代位优先受偿保护的必要；在实际操作中，受让人可以对承包人支付工程款，涤除承包人的优先权，从而实现过户权利的主张。

第五，受让人的善意与否是否影响承包人对其主张权利？

首先，如何判断受让人是否善意。所谓善意，通常是一个物权法上的概念。按照《最高人民法院关于适用〈中华人民共和国物权法〉若干问题的解释（一）》（法释〔2016〕5 号）第 15 条之规定，善意取得中受让人善意的认定标准是，“受让人受让不动产或者动产时，不知道转让人无处分权，且无重大过失的，应当认定受让人为善意。”参照这一规定，所谓受让人的善意，即受让人不知道受让的工程上存在优先权。因不存在工程款优先权的登记，受让人无法从登记中判断工程上的权利负担，故可以推定为善意。但是如果承包人能够举证证明转让人和受让人恶意串通损害承包人的债权，或者受让人知道、应当知道工程上存在优先权的，有可能否定受让人的善意。

其次，如果受让人并非善意。物权的登记具有公示和公信的效力，其目的在于保护交易相对人的信赖。存在登记的情况下，受让人可以从登记获得保护。而在没有登记的情况下，要求受让人去调查物上的权利负担显然并不合理。但确有证据证明受让人明知、应知的，可以认定为非善意。在认定为非善意的情况下，不排除承包人可以追及受让人，行使优先权。

最后，如果转让人和受让人恶意串通，以损害承包人利益为目的签订转让合同，则承包人可以诉请法院撤销此转让合同，并对工程行使优先权。

【需要注意的问题】

（一）对于发包人

对于发包人来说，从避免争议的角度，如确实需要转让建设工程，一方面要按照《城市房地产管理法》的有关规定，满足该法第 37 条、第 38 条的要求；另一方面要及时通知承包人，双方对涉案工程款项进行结算，约定还款事项、还款方式；此外，要告知受让人关于工程款的情况，最好是三方签订协议，从受让方支付的款项中归还发包人的工程款，不足部分由发包人偿还。

（二）对于承包人

1. 承包人可以与发包人事先在施工合同中明确约定关于工程转让的条件和程序，从尽最大可能地保护自身利益的角度，如可以约定如在建工程在施工过程中要转让他人，须征得承包人的同意，否则应承担违约责任。

2. 如经承包方同意转让工程，承包人为防止建设工程价款优先受偿权的丧失，可以约定，承包人可以要求发包人从其收到的转让价款中向承包人支付拖欠的工程款。如工程为总价包干的，或者尚未结算的，可以对工程款进行提存。

3. 承包人可以通过协议，明确发包人与受让人共同成为履行拖欠工程款的义务人，或者受让人继受施工合同关系，约定承包人对工程具有优先权。

4. 承包人要及时向受让人主张权利，要求其在发包人欠付承包人工程款的范围内，停止对发包人支付转让款项，并对承包人支付相应的款项。需要注意的是，按照日本、我国台湾地区等地的有关规定，严格说来，承包人是对发包人的工程款转让的价款请求权享有优先权，故承包人可以对受让人提出独立的请求。此种权利类似于代位请求权。

5. 承包人在向发包人提出主张时，要注意及时申请法院对在建工程进行财产保全，避免在诉讼或仲裁阶段发包人将在建工程进行转让，导致承包人的建设工程价款优先受偿权的丧失。

（三）对于受让人

1. 受让人在与发包人签订工程转让合同时，可以同时约定发包人的承诺事项，包括对于工程上是否存在拖欠的工程款，有无工程款优先权，并对此做必要的调查核实。

2. 如果工程上存在拖欠的工程款，从避免纷争的角度出发，可以由承发包方及受让方三方签订合同，约定受让人以工程转让价款支付工程款，超出部分再对发包人支付。如果工程款尚未结算，受让人应及时提醒承发包方结算，在结算前可以暂停支付，或者予以提存。

3. 如发包人未告知工程款优先权事宜，受让人也属于善意无过失的，在工程款支付前，承包人通知受让人存在优先权，并通知停止对发包人支付的，受让人应及时止付。受让人未停止支付，如工程尚未过户的，可能面临款项支付但无法过户的后果，导致不应有的损失。如果受让人知道或者应当知道工程款优先权存在，即使数额有争议，受让人已经过户的工程也存在被追夺的可能与风险。

4. 转让人未如实告知工程上存在优先权的事实，可能构成受让人解除转让合同、主张违约责任的事由。受让人应及时主张权利。

**附件：**

**（一）相关法律法规**

《中华人民共和国城市房地产管理法》

第三十八条　下列房地产，不得转让：

（一）以出让方式取得土地使用权的，不符合本法第三十八条规定的条件的；

（二）司法机关和行政机关依法裁定、决定查封或者以其他形式限制房地产权利的；

（三）依法收回土地使用权的；

（四）共有房地产，未经其他共有人书面同意的；

（五）权属有争议的；

（六）未依法登记领取权属证书的；

（七）法律、行政法规规定禁止转让的其他情形。

第三十九条　以出让方式取得土地使用权的，转让房地产时，应当符合下列条件：

（一）按照出让合同约定已经支付全部土地使用权出让金，并取得土地使用权证书；

（二）按照出让合同约定进行投资开发，属于房屋建设工程的，完成开发投资总额的百分之二十五以上，属于成片开发土地的，形成工业用地或者其他建设用地条件。

转让房地产时房屋已经建成的，还应当持有房屋所有权证书。

第四十条　以划拨方式取得土地使用权的，转让房地产时，应当按照国务院规定，报有批准权的人民政府审批。有批准权的人民政府准予转让的，应当由受让方办理土地使用权出让手续，并依照国家有关规定缴纳土地使用权出让金。

以划拨方式取得土地使用权的，转让房地产报批时，有批准权的人民政府按照国务院规定决定可以不办理土地使用权出让手续的，转让方应当按照国务院规定将转让房地产所获收益中的土地收益上缴国家或者作其他处理。

第四十五条　商品房预售，应当符合下列条件：

（一）已交付全部土地使用权出让金，取得土地使用权证书；

（二）持有建设工程规划许可证；

（三）按提供预售的商品房计算，投入开发建设的资金达到工程建设总投资的百分之二十五以上，并已经确定施工进度和竣工交付日期；

（四）向县级以上人民政府房产管理部门办理预售登记，取得商品房预售许可证明。

商品房预售人应当按照国家有关规定将预售合同报县级以上人民政府房产管理部门和土地管理部门登记备案。

商品房预售所得款项，必须用于有关的工程建设。

**（二）各地法院的相关规定**

**《南京市中级人民法院关于审理涉及建设领域拖欠工程款和民工工资案件有关具体问题的指导意见》**

第十九条第一项　承包方承建的建设工程所有权已经转移，承包方向人民法院主张优先权的，人民法院不予支持。

**【典型案例 13.1】**

## 工程被转让丧失优先受偿权〔1〕

某承包人与发包人签订《建设工程施工合同》一份，约定由承包人承包施工某大厦的土建及安装工程，合同价款为 4145 万元。施工过程中，发包人将在建工程转让给某房产公司。发包人并未与承包人办理解除施工合同的手续，同时，承包人也未与受让人某房产公司签订新的施工合同，但三方签订了《借款协议》，约定受让人房产公司同意借款 400 万元给承包人，承包人同意在大厦地下室工程款中，由受让人房产公司直接扣除偿还。此后，工程停止施工，停工期间，受让人房产公司支付了部分工程款给承包人，受让人房产公司委托审价单位对承包人已完成的地下工程进行审价，审定价款为 2006 万元。此后，承包人提起诉讼，要求发包人、受让人共同支付拖欠的工程款 987 万元，要求确认承包人就大厦拍卖价款具有优先受偿权，并要求

〔1〕 参见周吉高：《金融危机下发包人抛售在建项目　承包人谨防欠款风险》，载 http：//blog. sina. com. cn/s/blog_ 60c91dae0100e92m. html，最后访问时间：2016 年 8 月 27 日。

发包人承担银行利息。法院审理后认为：承包人要求受让人支付工程款缺乏依据。原因在于：首先，发包人与承包人的施工合同关系仍然存在，并没有解除，而与受让人之间并未建立施工合同关系；其次，尽管三方签订的《借款协议》中约定，对于承包人向受让人的借款，承包人同意于大厦地下室工程款中由受让人直接扣除偿还，此后受让人向承包人支付了部分工程款，受让人在工程审定单上盖章，但当事人的上述行为尚不具备我国法律规定的债权债务转移的法定构成要件。因此，受让人并未成为该工程款的债务人，受让人的行为系代发包人向承包人支付工程款。在受让人不支付工程款的情况下，根据法律规定，承包人仍应请求债务人支付。关于承包人要求确认就大厦拍卖价款具有优先受偿权的请求，因大厦已经转让给受让人且办理了变更登记手续，发包人对该大厦已经没有所有权，因此，承包人的该请求不能成立。法院最后判决：发包人向承包人支付拖欠的工程款987 万元，并承担拖欠工程款的利息，承包人的其他请求不予支持。在执行阶段，因为发包人已实际无财产可供执行，判决书成为一纸空文。

# 第十四章

# 同一工程中多个建设工程优先受偿权之权利顺位及其冲突时的救济问题

◇ 罗有才*

## 一、同一工程中多个建设工程优先权之间的权利顺位

**【基本观点】**

同一工程中多个建设工程优先权顺位按照各承包人的债权比例平等受偿。

**【观点解读】**

依据《合同法》《建筑法》和《最高人民法院关于审理建设工程施工合同纠纷案件适用法律问题的解释》（法释〔2004〕14号）的规定，发包人可以与总承包人订立建设工程合同，发包人不得将应当由一个承包人完成的建设工程肢解成若干部分发包给几个承包人，承包人非法转包、违法分包建设工程或者没有资质的实际施工人借用有资质的建筑施工企业名义与他人签订建设工程施工合同的行为无效。因此，一般情况下，同一个工程中只存在一个承包人，不会出现在同一

---

* 罗有才，江苏省高级人民法院法官。

工程中存在多个承包人。但鉴于前述法律同时规定了大型建筑工程或者结构复杂的建筑工程，可由两个以上的承包单位联合共同承包。建筑工程总承包单位可以将承包工程中的部分工程发包给具有相应资质条件的分包单位，如专业分包中的土建、水电、装修装饰等。因此，依据上述法律规定，在共同承包和专业分包的情况下，就会出现多个承包人。在司法实践中，还存在大量的转包、违法分包、借用资质、中途撤场进场等各种情况，由此，一个工程中存在多个承包人的情况时有发生，各个承包人之间亦存在优先权冲突的可能性，从而导致其权利顺位问题。

关于同一工程中多个建设工程优先权之间的权利顺位问题，理论界和实务界对此有以下几种观点：

1. 按照建设工程优先权成立的时间顺序受偿。该观点主张，建设工程优先权的性质属于法定抵押权[1]，具有物权的优先效力。物权优先效力的本质是对标的物的直接支配权，先成立，则先支配，对于并存于建设工程上的数个优先权，先成立，则先支配，该观点亦符合抵押权确立的“时序先后决定次序先后”一般原则。

2. 保存标的物价值的工程款债权应更为优先。如果不存在保存标的物价值的工程款债权的，则按照工程款比例平等受偿。这一理论的依据是借助于我国《海商法》中的船舶优先权制度。按照这一制度，后发生的海难救助费优先于船员工资、先发生的海难救助费。这是基于海难救助的特殊性，没有后序的救助就不会有现有价值的保存，所以海商法作出了这一规定。这一标准在理论上似乎更合理，但实务中对于后发生的工程款债权是否属于保存标的物价值的债权，难以

〔1〕参见梁慧星：《合同法第二百八十六条的权利性质及其适用》，载《山西大学学报（哲学社会科学版）》2001 年第 3 期。

认定。[1]

3. 按照各承包人的债权比例平等受偿。该观点主张，建设工程优先权制度的核心内容之一是对建筑工人劳动工资的保护。由于建设工程在变现时出现贱卖现象，承包人只能部分收回工程款，如果按照“时序先后决定次序先后”的一般原则，则对后续施工工人造成不公平，亦违反了优先权制度保障劳动者薪酬权益的立法宗旨。因此，对于优先权顺位可以采用有约定的按约定处理，无约定的，基于优先权产生的基础、指向对象的一致，工程价款的构成成分平等，可以按照各承包人的债权比例对工程价款优先受偿权进行清偿。[2] 笔者同意第三种观点，且认为工程款优先权涉及施工工人的工资，属于施工工人的生存权范畴，各优先权人的生存权应当平等。

**【实务中应注意的问题】**

1. 对于多个优先权应在仲裁和审理中认真审查，以防止发包人与承包人中间因特殊关系虚构优先权或夸大优先权的数额，从而损害其他优先权人的利益。

2. 在司法实务中，多个优先权同时主张的情况较为少见，一般是各个优先权人分别起诉工程款并主张优先权，法院判决确认各承包人对其施工的工程部分债权享有优先权，如下面案例中所涉及的绍兴中院和无锡中院对于实际施工人王文虎和承包人上海申桥公司对于发包人无锡明园公司的明园星都 3# – 10#楼及地下室工程享有优先权，就折价或拍卖中的价款优先受偿。至于各优先权的按比例受偿的最终实现，则要在执行程序中解决。

---

〔1〕 参见蒋军平:《建设工程优先权的行使》，华东政法大学 2014 年硕士学位论文。

〔2〕 参见江必新、何东宁等:《最高人民法院指导性案例裁判规则理解与适用 · 房地产卷》，中国法制出版社 2014 年版，第268 ~269 页。

【典型案例 14.1】

## 王文虎、申桥公司与明园公司建设工程价款优先受偿权案

2009 年 3 月 12 日，明园公司与申桥公司签订建设工程施工合同一份，约定由申桥公司承建明园公司开发的明园星都 3# – 10#楼及地下室工程，承包范围为土建、水电安装，开工日期为 2009 年 3 月 28 日，竣工日期为 2011 年 3 月 28 日，工期为 730 天，合同价款暂定为 12，204.6488 万元。2009 年 3 月 18 日，申桥公司与王文虎签订工程项目内部承包协议书一份，约定申桥公司将明园星都 3# – 10#楼及地下室土建、水电安装工程施工任务内部承包给王文虎施工。同时约定，王文虎以工程结算总造价的 10% 上交给申桥公司，其余归王文虎支配，盈亏由王文虎自负。协议签订后，王文虎组织人员、设备进场施工。

2013 年 11 月 11 日，王文虎以申桥公司、明园公司为被告就工程款支付等事宜向绍兴中院提起诉讼，要求：申桥公司支付其工程款 65，260，326.7元并确认其对“明园星都 3# – 10#楼及地下室”项目折价或者拍卖的价款有优先受偿权等。绍兴中院受理案号为（2013）浙绍民初字第 7 号（以下简称 7 号案件），该院经审理后判决：申桥公司应于判决生效之日起 30 日内支付王文虎工程款 12，724，187.6 元，并按中国人民银行发布的同期同类贷款利率四倍支付利息，王文虎就工程欠款 12，724，187.6 元对明园星都 3# – 10#及地下室工程享有优先受偿权等。[1]

2014 年 4 月 15 日，申桥公司向无锡中院提起诉讼，要求判令：明园公司支付其工程余款 9000 万元（最终以工程评估总价减去已付款为准）并依法确认其对“明园星都 3# – 10#楼及地下室”项目折价或拍

[1] 参见浙江省绍兴市中级人民法院（2013）浙绍民初字第 7 号民事判决书。

卖的价款享有优先受偿权等。该院判决确认，王文虎作为实际施工人在7号案件中已主张了工程价款优先受偿权，绍兴中院在判决中也认定了其就工程价款12，724，187.6元对涉案工程享有优先受偿权，故在认定申桥公司的优先受偿权范围时对该部分应予扣除。因此，申桥公司可就工程价款67，671，828.4元（80，396，016元－12，724，187.6元）在涉案工程折价或拍卖的价款中优先受偿。[1]

## 二、上述权利发生冲突时如何通过执行异议之诉或者执行分配方案异议之诉程序进行救济?

**【基本观点】**

建设工程优先权只是工程变价分配顺位上的优先权，不能达到阻却执行的效果。如下文提到的最高法院审理的廖明方与被申请人刘家祥、宽甸满族自治县宏大建筑工程有限公司案外人执行异议之诉一案中，最高人民法院认为，即使廖明方所称的建设工程价款能够成立，依法不能阻却执行。因此，优先权人在其权利与其他普通债权之间，以及与其他优先权之间发生冲突时，通过执行异议，达不到阻却执行的效果。在其他优先权人对工程款申请执行时，优先权人可以向执行法院提交书面申请，申请参与分配。如对执行法院制作的财产分配方案中所涉及的优先权财产分配有异议的，可以提出书面异议，其他优先权人提出反对意见的，优先权人可以在收到通知之日起15日内，以提出反对意见的其他优先权人、被执行人为被告，向执行法院提起执行分配方案异议之诉。

---

〔1〕 无锡市中级人民法院（2014）锡民初字第0041号民事判决书。

**【观点解读】**

案外人提起执行异议之诉的目的是排除对特定执行标的的执行。经审查，如果案外人就该执行标的享有足以排除强制执行的民事权益，应当判决不得执行该执行标的；如果案外人就该执行标的不享有足以排除强制执行的民事权益，应当判决驳回其诉讼请求。按照足以排除强制执行的审查标准〔1〕，各个优先权人的权利处于平等地位，即使案外人享有优先权，但其权利并不优先于其他申请执行人的优先权，因此，无法得到阻却执行的目的。江苏省高级人民法院于2015年7月2日发布的《执行异议之诉案件审理指南》中关于案外人以其享有建设工程优先权为由提起执行异议之诉的处理建议认为，建设工程优先受偿权的本质是以建设工程的交换价值担保工程款债权的实现，也就是说，建设工程优先受偿权只是一种顺位权，不能达到阻却执行的效果。因此，人民法院对建设工程采取强制执行措施时，案外人不能以其对该建设工程享有优先受偿权为由提起执行异议之诉要求停止执行，而只能在执行程序中向执行法院提出优先受偿的主张。如果执行法院以案外人不享有优先受偿权为由对其主张不予支持的，由于优先受偿权属于主债权的从权利，需要在主债权确定、且符合优先受偿权条件的前提下方可行使，故案外人可以另行提起诉讼主张实现建设工程优

---

〔1〕参见沈德咏主编：《最高人民法院民事诉讼法司法解释理解与适用》（下），人民法院出版社2015年版，第838页。判断案外人对执行标的所享有的实体权益是否足以排除强制执行，可以按照以下三个步骤审查：第一步，要判断被执行人是否对执行标的享有实体权益，如果被执行人对执行标的不享有实体权益，则应判决不得执行该执行标的。第二步，如果被执行人对执行标的也享有实体权益，则要判断案外人对该执行标的所享有的实体权益对于申请执行人依据执行依据所享有的债权是否具有优先效力。如果案外人对执行标的所享有的权利在效力上并不优先于申请执行人的债权，则应当判决驳回诉讼请求。第三步，如果案外人对执行标的所享有的权利在效力上优先于申请执行人的债权，则要判断申请执行人实现债权的行为是否会妨害案外人对该执行标的所享有的权利。如果人民法院的强制执行并不妨害案外人对执行标的所享有的权利，则应判决驳回。

先受偿权。案外人提起诉讼的，执行法院应当中止执行。

**【实务中应注意的问题】**

在实务中，涉案工程款不足以清偿所有优先权时，原则上应当按照各自比例受偿。但目前实践中的多数意见是对于首先申请查封财产的债权予以适当优待，以实现财产保全制度的目的，同时缓解执行程序中财产查找的困难。因此，对于首先申请查封财产的优先权，实务中有可能获得适当优待。[1]

**【典型案例14.2】**

## 廖明方与刘家祥、宏大公司执行异议之诉再审案

再审申请人廖明方因与被申请人刘家祥、宽甸满族自治县宏大建筑工程有限公司（以下简称宏大公司）案外人执行异议之诉一案，不服辽宁省高级人民法院于2014年12月30日作出的（2014）辽民一终字第346号民事判决，向最高人民法院申请再审。[2]

最高人民法院认为：本案系廖明方提起的案外人执行异议之诉，核心问题是廖明方是否拥有阻却人民法院强制执行涉案房屋的法定事由。根据廖明方的再审申请及理由，从以下几个方面进行分析：

第一，廖明方是否有新的证据足以推翻原判决。廖明方在申请再审中向法院提交了宏大公司与案外人辽宁室内装饰工程联合总公司丹东工程公司于2001年9月12日签订的《协议书》（签字为廖明方）、于2002年2月8日形成的《工程价值结算审定单》、于2002年2月8日形成的《单位工程交工验收证明书》、宏大公司于2001年1月10日向廖明方出具的《住房分配通知书》、宏大公司于2001年5月10日向

〔1〕参见沈德咏主编：《最高人民法院民事诉讼法司法解释理解与适用》（下），人民法院出版社2015年版，第1344～1345页。

〔2〕参见最高人民法院（2015）民申字第2301号民事裁定书。

廖明方出具的《专用收款收据》（载明“装修款抵顶房款”），意在证明其为涉案房屋装饰工程的承包人以及宏大公司用涉案房屋抵顶欠付工程款。廖明方称上述证据其在一、二审审理期间即持有，但当时认为没有用就没有提交。对此，最高人民法院认为，廖明方就上述证据逾期举证的理由明显不能成立。根据廖明方在一、二审中的诉讼主张，其在一审中起诉仅主张其购买了涉案房屋、房款全部付清且实际入住，据此要求停止对涉案房屋的强制执行并请求确认涉案房屋归其所有，而并未主张其为涉案房屋装饰工程的承包人以及以房抵债的事实。在二审审理中，廖明方虽然提出涉案房屋系抵顶工程款而来，但却未能提交任何证据。即便存在涉案房屋的装饰工程，从上述相关证据看，承包人也是案外人辽宁室内装饰工程联合总公司丹东工程公司而并非廖明方，无从谈及廖明方是否享有优先受偿权的问题。因此，廖明方所提交的上述证据不能证明其主张，亦不能证明原判决认定基本事实或裁判结果有误，不属于再审中的新的证据，法院不予采纳。

第二，原判决认定的基本事实是否缺乏证据支持。对于廖明方是否购买了涉案房屋并支付了价款，对此，廖明方提交的其与宏大公司于2001年5月6日签订的《销售房合同书》中载明房屋价款为2，547，000元，但其在一审诉讼中提交的收据却写明房款为1，088，500元。而在申请再审中，廖明方又提交了一份宏大公司于2001年5月10日向其出具的《专用收款收据》，该份收据载明的价款为2，547，000元、并注明“装修款抵顶房款”。对此，法院认为，廖明方提交的《销售房合同书》系由宏大公司自行制作且未经房管部门登记备案，该合同对于房屋的交付时间未约定，合同载明的价款与廖明方第一次提交的收款收据记载的款项相差100余万元，而廖明方对此未能作出合理解释，故一、二审法院未予采信并无不当。尽管在再审申请中廖明方自称差价的原因是包括了公摊面积和案外房屋，但其申请再审时却又提交一份新的、与《销售房合同书》价款吻合的收据，对此，廖明方亦未对其在一、二审没有提交的原因作出合理解释。可见，廖明方就其购买涉案房屋的陈述及解释前后不一，所提交的证据无论是形式上还是内容上均难以令人采信，不能据此确认其支付了涉案房屋的全部价款，一、二审法院的认定并无不当。

关于涉案房屋是否已经实际交付给廖明方使用的问题。廖明方主张其委托宏大公司将涉案房屋对外出租，但未能提供任何有效租赁协议。虽然廖明方提供了备忘录及租金票据，但该证据均由其与执行案件中的被执行人宏大公司之间形成，该证据的证明效力明显不足。特别是在刘家祥于一审提交的、廖明方认可真实性的电话录音（2014年8月1日）中，廖明方已承认其与宏大公司之间没有租房合同、宏大公司也没有给付其租金。虽然廖明方在再审申请中称其基于对陌生人的来电有防范，并非其真实意思表示，但在该录音中廖明方对于来电者的提问一一作了明确回答且通话时间较长，廖明方对此所作的解释不能成立。据此，一、二审法院没有确认廖明方实际占有、使用涉案房屋的认定并无不当。

第三，本案是否存在适用法律错误的问题。《物权法》第9条规定："不动产物权的设立、变更、转让和消灭，经依法登记，发生效力；未经登记，不发生效力，但法律另有规定的除外。"第14条规定："不动产物权的设立、变更、转让和消灭，依照法律规定应当登记的，自记载于不动产登记簿时发生效力。"可见，物权法明确规定了除法律另有规定的情形外，只有在不动产登记簿上记载所有权人姓名，受让人方能取得包括所有权在内的不动产物权。本案廖明方在原审诉讼中主张其从宏达公司处购买涉案房屋，其后又主张是以工程款抵偿受让的房屋，但事实是，涉案房屋并未登记在廖明方名下，而是一直登记在宏大公司名下。在不动产登记没有发生变更的情况下，涉案物权变动并未完成，廖明方不能成为物权法所指的房屋所有权人，其要求确认对涉案房屋享有所有权的诉请，原审法院未予支持并无不当。对于廖明方对涉案房屋是否享有物权期待权的问题，对此，法院认为，对于买受被执行不动产等需要登记财产的利害关系人而言，即使没有取得物权，但如果其因为合同而对该财产享有的物权登记请求权等债权符合物权期待权保护条件的，人民法院也不能执行该不动产。至于物权期待权的保护条件，《最高人民法院关于人民法院民事执行中查封、扣押、冻结财产的规定》第17条规定："被执行人将其所有的需要办理过户登记的财产出卖给第三人，第三人已经支付部分或者全部价款并实际占有该财产，但尚未办理产权过户登记手续的，人民法院可以查封、扣押、冻结；第三人已经支付全部价款并实际占有，但未办理过户登记手续的，如果第三人对此没有过错，人民法院不得查封、扣押、冻结。"可见，廖明方如欲阻却对涉案房屋的强制执行，则必须符合上述法定条件。但廖明方并无证据证实其购买涉案房屋的事实，亦不能证明自己对涉案房屋实际占有和使用。对于其主张涉案房屋系抵顶工程款而取得，此主张与其在一、二审中的主张不相一致，且所主张的证据不足，不能成立。对于廖明方在再审申请中称其对宏达公司享有建设工程价款优先权，所以对涉案房屋有优先受偿权的主张，因建设工程价款优先权仅仅是在房屋变价款分配顺位上的优先权利，即使其所称的建设工程价款能够成立，也并非是对物权期待权的优先权，依法不能阻却执行。总之，廖明方并不符合阻却执行措施的法定条件，一、二审判决驳回其诉讼请求正确。裁定驳回再审申请。

## 三、《合同法》第286条是否具有溯及力？

**【基本观点】**

《合同法》第286条不具有溯及力。

【观点解读】

法的溯及力，是指出台的新法的效力能否追溯到新法生效之前的事件和行为，并且对这些事件和行为在法律上的效果发生面向过去和未来的影响。根据我国《立法法》第93条的规定："法律、行政法规、地方性法规、自治条例和单行条例、规章不溯及既往，但为了更好地保护公民、法人和其他组织的权利和利益而作的特别规定除外。"此为通常情况下所说的"法不溯及既往原则"。但最高人民法院出台的《关于适用〈中华人民共和国合同法〉若干问题的解释（一）》［法释〔1999〕19号，以下简称合同法解释（一）］中第1条规定："……合同法实施以前成立的合同发生纠纷起诉到人民法院的，除本解释另有规定的以外，适用当时的法律规定，当时没有法律规定的，可以适用合同法的有关规定。"对该解释的不同理解，使得学术界和实务界中对于《合同法》第286条是否具有溯及力这一问题产生了争议。

1.《合同法》第286条具有溯及力。该观点认为，无论是在合同法生效之前抑或是生效之后，承包人均享有《合同法》第286条所规定的建设工程优先权。因为建设工程优先权是法定权利的一种，并且规定在合同法解释（一）第1条后半部分"当时没有法律规定的，适用合同法的有关规定"，合同法之前没有规定优先权，但合同法规定了优先权，因此，应当适用合同法的有关规定。

2.《合同法》第286条不具有溯及力。该观点与第一种观点相反，认为即使是根据合同法解释（一）第1条的规定，也不应当然的认为《合同法》第286条具有溯及力。笔者更赞同此观点。一般情况下，现代国家在法的溯及力这方面实行的是两个互补性原则。首先最常适用的是"法不溯及既往原则"，原因在于法的作用之一是指引作用。无论是确定的指引抑或是不确定的指引，法均是为人们提供一个特定的行为模式，正确引导人们根据法律规定规范自己的行为。在这种特定的行为模式未实施之前，人们没有引导自己的行为的一个标准，因此在新法实施之后，当然不能以此为标准来追究人们之前的行为。另一个与“法不溯及既往原则”相互补的原则是“有利追溯原则”。即如果先前的某种行为或者关系在行为时并不符合当时法律的规定，但依照现行法律是合法的，并且与相关各方都有利，就应当依照新法律承认其合法性并且予以保护。但是，《合同法》第286条所规定的建设工程优先权并不适用这种情况，因建设工程优先权是法定的优先权，其在一定程度上会排斥其他担保物权而造成他方的损害。因而对于在《合同法》第286条生效之前的生效判决，不应当以之适用。

**【实务中应注意的问题】**

如果建设工程于1999年10月1日之前已竣工或停工，1999年10月1日之后人民法院还没有审结的。这类案件不适用《合同法》第286条。如果建设工程施工于1999年10月1日之前，竣工或停工于1999年10月1日之后，承包人的工程价款优先权应当考虑下列因素。如果1999年10月1日之前，该工程上没有抵押权的，则承包人享有优先权。如果在1999年10月1日之前，该工程上设有抵押权的，则承包人的工程价款不能对抗抵押权。对于1999年10月1日之前已交纳定金，甚至部分或全部购房款的预购房屋者，承包人的工程价款也不能对抗预购房屋者的请求权。[1]

---

〔1〕 参见最高人民法院民事审判第一庭主编：《最高人民法院民事案件解析：附指导案例·建设工程》，法律出版社2010年版，第625～626页。

**图书在版编目(CIP)数据**

建设工程优先受偿权／中国建设工程法律评论第四工作组编著. —北京:法律出版社, 2017.6

ISBN 978-7-5197-0793-4

Ⅰ. ①建… Ⅱ. ①中… Ⅲ. ①建筑工程—经济合同—合同法—研究—中国 Ⅳ. ①D923.64

中国版本图书馆 CIP 数据核字(2017)第 081442 号

**建设工程优先受偿权**
**JIANSHE GONGCHENG YOUXIAN SHOUCHANGQUAN**

中国建设工程法律评论第四工作组 编著

责任编辑 章 雯 慕雪丹
装帧设计 李 瞻

**出版** 法律出版社
**总发行** 中国法律图书有限公司
**经销** 新华书店
**印刷** 固安华明印业有限公司
**责任印制** 胡晓雅

**编辑统筹** 法商出版分社
**开本** 710 毫米×1000 毫米 1/16
**印张** 15.5
**字数** 188 千
**版本** 2017 年 6 月第 1 版
**印次** 2017 年 6 月第 1 次印刷

法律出版社／北京市丰台区莲花池西里 7 号(100073)
网址／www.lawpress.com.cn
投稿邮箱／info@lawpress.com.cn
举报维权邮箱／jbwq@lawpress.com.cn
销售热线／010-63939792/9779
咨询电话／010-63939796

中国法律图书有限公司／北京市丰台区莲花池西里 7 号(100073)
全国各地中法图分、子公司销售电话:
统一销售客服／400-660-6393
第一法律书店／010-63939781/9782
西安分公司／029-85330678
重庆分公司／023-67453036
上海分公司／021-62071010/1636
深圳分公司／0755-83072995

**书号:**ISBN 978-7-5197-0793-4
**定价:**68.00 元